石河子大学哲学社会科学优秀学术著作出版基金资助
城镇功能提升视角下兵团现代服务业发展研究（兵团社科基金项目编号：13QN03）

经济管理学术文库·经济类

城镇功能提升视角下现代服务业发展研究
——基于兵团的实践

Case Study to the Development of Modern Service Industry from
The Perspective of Urban Function Enhancement
—Exemplified by Xinjiang Production and Construction Corps

唐 勇 管 仲 侯敬媛／著

图书在版编目（CIP）数据

城镇功能提升视角下现代服务业发展研究：基于兵团的实践 / 唐勇，管仲，侯敬媛著．—北京：经济管理出版社，2021.3
ISBN 978-7-5096-7844-2

Ⅰ.①城… Ⅱ.①唐… ②管… ③侯… Ⅲ.①生产建设兵团—服务业—经济发展—研究—新疆 Ⅳ.①D669.3 ② F726.9

中国版本图书馆 CIP 数据核字（2021）第 047367 号

组稿编辑：张馨予
责任编辑：曹　靖　郭　飞
责任印制：黄章平
责任校对：陈晓霞

出版发行：经济管理出版社
（北京市海淀区北蜂窝 8 号中雅大厦 A 座 11 层 100038）
网　　址：www.E-mp.com.cn
电　　话：（010）51915602
印　　刷：唐山玺诚印务有限公司
经　　销：新华书店
开　　本：710 mm×1000 mm/16
印　　张：11
字　　数：131 千字
版　　次：2021 年 3 月第 1 版　2021 年 3 月第 1 次印刷
书　　号：ISBN 978-7-5096-7844-2
定　　价：78.00 元

·版权所有 翻印必究·

凡购本社图书，如有印装错误，由本社读者服务部负责调换。
联系地址：北京阜外月坛北小街 2 号
电话：（010）68022974　邮编：100836

前　言

城镇是区域经济增长的极核，是现代服务业发展的基地，城镇功能完善与否是衡量区域经济发展的重要标志，而加快发展现代服务业既是经济社会发展的必然，也是促进城镇功能提升的首选。新疆生产建设兵团（以下简称兵团）地处祖国西北边陲，经济发展较为落后，基于城镇功能提升视角研究其现代服务业的发展，对促进兵团的经济结构转型升级具有很好的现实意义。

本书采用比较分析法、动态分析法和多元统计及计量经济等分析手段，首先，在对国内外相关研究进行梳理评述的基础上，对现代服务业及城镇功能等概念进行了界定，探讨了现代服务业促进城镇功能提升的作用机理；其次，通过翔实的数据资料，对兵团现代服务业发展现状及兵团城镇功能提升现状进行了描述；再次，构建指标体系，运用熵权法对兵团城镇功能提升水平进行综合评价，并采用 VAR 模型对兵团现代服务业发展提升城镇功能总体效果进行了实证测评；最后，在总结借鉴现代服务业发展促进城镇功能提升的国内外经验的基础上，针对性地提出了兵团现代服务业发展促进城镇功能提升的对策建议。

结果表明，从短期来看，兵团现代服务业产出水平提高对城镇功能水平的提升具有抑制作用，根本的原因是兵团现代服务业产出水平过低，还没跨过其对城镇功能起正向提升作用的"门槛"，而现代服务业就业水平提高对城镇功能水平的提升具有正向拉动作用；但从长期来看，兵团现代服务业发展与城镇功能提升两者相互促进作用有所减弱，现代服务业发展对兵团城镇功能的提升作用不能很好的维持，主要是由于兵团现代服务业总量偏小，内部结构不合理以及增长速度较慢等原因造成。以实证研究结论为依据，结合兵团现代服务业和城镇功能提升的现状以及国内外经验借鉴，提出了大力发展兵团经济，提高兵团现代服务业产出能力、优化兵团现代服务业内部结构，不断增强其提升城镇功能的能力、合理利用政府政策性扶持资金，增强兵团城镇功能自我提升能力、大力培育知识型人才，完善人才区域流动机制、大力推进市场化进程，积极优化兵团现代服务业发展的外部环境及扩大现代服务业对外开放水平，加快承接现代服务产业转移，贯彻落实兵团向南发展战略等城镇功能提升视角下促进兵团现代服务业发展的对策建议。

目 录

第1章 绪论 ··· 1

1.1 研究背景与研究意义 ·· 1

1.2 研究主要内容 ·· 5

1.3 国内外研究现状 ·· 8

1.4 研究思路与方法 ·· 22

1.5 主要创新 ··· 23

第2章 相关理论概述 ··· 25

2.1 相关概念界定 ·· 25

2.2 理论基础 ··· 27

第3章 现代服务业发展与城镇功能提升机理分析 ············· 35

3.1 现代服务业发展提升城镇功能的机理分析 ················· 35

3.2 城镇功能提升促进现代服务业发展的机理分析 ········· 39

第4章 兵团现代服务业发展促进城镇功能提升现状 ········· 41

4.1 兵团现代服务业发展现状 ·· 41

4.2 兵团城镇功能提升现状……………………………………… 88
4.3 本章小结……………………………………………………… 115

第5章 兵团现代服务业发展提升城镇功能实证研究………… 118
5.1 理论框架和指标选取………………………………………… 118
5.2 数据来源及处理……………………………………………… 122
5.3 实证分析……………………………………………………… 123
5.4 小结…………………………………………………………… 133

第6章 国内外经验及对兵团的借鉴……………………………… 134
6.1 国外经验……………………………………………………… 134
6.2 国内经验……………………………………………………… 140
6.3 对兵团的借鉴………………………………………………… 146

第7章 研究结论及对策建议……………………………………… 150
7.1 研究结论……………………………………………………… 150
7.2 城镇功能提升视角下兵团现代服务业发展对策建议……… 152

参考文献……………………………………………………………… 158

附　录………………………………………………………………… 167

第1章 绪 论

1.1 研究背景与研究意义

1.1.1 研究背景

城镇是区域经济增长的极核,是现代服务业发展的基地。自改革开放以来,中国的经济发展取得了举世瞩目的成就,其中城镇化建设成效尤为显著,城镇化既是经济发展成果的集中体现,也能为经济发展带来新的动力,其发展质量能对区域经济的可持续发展产生了极大影响。自2000年党的十五届五中全会首次提出城镇化战略以来,城镇化问题就成为国家关注的焦点,并取得了重大进展,我国的城镇化率已由新中国成立初期的10.64%迅速增长至2017年的58.52%。与此同时,人们对城镇化的发展也提出了更高的要求,城镇化的内涵和外延都得到了极大的拓展,研究方向也发生了从关注数量到重视质量的转变,城镇功能问题日益得到重视。城镇功能完善与否是衡量区域经济发展的重要标志，城镇功能的不完善也是造成我国区域经济差距的重要原因之一，为了协调区域经济发展，缩小区域经济差距，提升城镇功能十分必要。《国家新型城镇化规划（2014～2020年）》指出，改造提升中心城市的辐射带动功能，而我国《国民经济和社会发展第十三个五年规划纲要》中也提出，要优化城镇化布局和形态，增强中心城市辐射带动功能，加快拓展城镇功能，可以看出，城镇功能提升问题已经被提升到举足轻重的位置，并将在提高人民生活水平、促进经济高水平增长、保持社会稳定等方面持续发挥越来越重要的作用。

20世纪90年代以来，世界产业结构呈现出向服务业转移的趋势，服务业对经济增长起到越来越强大的推动作用。新形势下，我国经济发展面临着土地、空间、资源以及环境限制的"瓶颈"，在这种背景下，找到新的经济增长点尤为重要，而加快发展现代服务业既是经济社会发展的必然，也是促进城镇功能提升的首选。中国的产业结构已经基本实现了从"一、二、三"到"二、一、三"再到"三、二、一"的转变，整体上完成了配第—克拉克定律阐述的产业结构的演进过程。服务业尤其是现代服务业具有高附加值、低污染、产业带动强等特点，它的高度发展将直接决定着城镇空间的分配、结构和布局的优化，进而增强城镇的集聚和辐射能力，对于城镇综合服务功能起着极大的提升作用。对此，党的十七大报告明确提出要发展现代服务业，提高现代服务业比重和水平；在国家"十三五"规划纲要中，更是强调要把推动现代服务业大发展作为产业结构优化升级的战略重点，营造有利于服务业发展的政策和体制环境；党的十九大报告再次强调了"支持传统产业优化升级，加快发展现代服务业，瞄准国际标准提高水平"的总基调。这表明，大力发展现代服务业不仅是优化产业结构的必由之路，更为重要的是将为城镇功能的提升带来持续推动力。

新疆生产建设兵团（以下简称兵团）承担着国家赋予的维稳戍边职责，其城镇功能的提升不仅能促进兵团经济的发展，而且更有利于壮大维稳戍边队伍，从而更好地履行维稳戍边使命。与此同时，兵团城镇功能的提升既符合城镇化建设的普遍规律，也具有鲜明的兵团特色，兵团城镇是在兵团经济社会发展的基础上建立起来的，其城镇功能也需在确保兵团维稳戍边的基本职能前提下执行，具有其特殊性。随着西部大开发政策和"一带一路"倡议的持续推进，各项基础设施日益完善，兵团第三产业发展迅速。2013年至今，兵团已形成了"二、三、一"的基本产业结构，第三产业增加值占GDP增加值的比重缓慢回升，2017年第三产业增加值占比已达34.47%。同时，随着第三产业的蓬勃发展，现代服务业也日益发展壮大，截至2017年，现代服务业增加值占第三产业增加值的比重高达56.07%，其就业人数占第三产业就业人数的就业比率也达到了49.28%。可以看出，无论是从经济发展的促进作用还是引导就业的推动作用，兵团现代服务业发展都取得了显著成效。

可以看出，城镇功能提升是推进产业结构优化升级的重要抓手，服务业尤其是现代服务业的发展是加快产业结构转型和升级的主攻方向，而城镇功能完善程度是衡量区域经济发展程度的主要标志。因而基于兵团向南发展的大背景，深入研究兵团城镇功能与服务业内部结构关联度及发展问题，有助于增强服务业就业吸纳能力，全面提升新型城镇化质量，促进兵团内部区域之间的协调发展，充分发挥安边固疆作用。但是，虽然兵团现代服务业发展已取得了显著成效，但在其促进城镇功能提升的过程中，仍存在一些问题：①兵团现代服务业的发展速度落后于全国平均发展水平,尤其是南疆地区服务业发展更为滞后,呈现出"北强南弱"的局面;②兵团服务业仍更多地依靠劳动力拉动服务业的发展,高新技术和科研知识未能充分转化为成果对现代服务业做出贡献,导致高新技术产业发展不足;③兵团现代服务企业规模普遍偏小,缺少知名品牌。

在此背景下,本书拟结合兵团实际,在现有研究的基础上,通过探讨兵团现代服务业发展提升城镇功能的作用机理,分析兵团现代服务业发展与城镇功能提升的现实基础,并采用实证手段测评兵团现代服务业发展促进城镇功能提升的绩效。在此基础上结合国内外相关经验借鉴,有针对性地提出城镇功能提升视角下兵团现代服务业发展的对策建议。这既可以为兵团"十三五"规划和兵团向南发展战略的实施提供理论支持和实践借鉴,也可以为西部经济落后地区,尤其是西部少数民族地区的现代服务业发展理论与实践提供参考,具有较强的研究价值。

1.1.2 研究意义

(1)理论意义。

第一,随着服务业与城镇功能概念的提出与发展,学术界对于两者的研究成果日益增多,但现有研究主要集中在北京、上海和广东等经济发达地区,而对于西部地区特别是兵团这一特殊区域如何培育和发展现代服务业研究较少。兵团地处祖国西北,经济发展缓慢,城镇化与服务业发展起步较晚,因而在城镇功能提升视角下来研究兵团现代服务业发展,将进一步丰富和发展服务业的相关理论。

第二,以理论分析为基础,运用各种分析方法,如多元统计分析、计量经济分析等，对兵团现代服务业发展促进城镇功能提升效果进行评测，对研究现代服务业发展促进城镇功能提升的方法有了一定的创新。

（2）实践意义。

第一，针对兵团现代服务业发展促进城镇功能提升的研究，能够更清晰地了解兵团现代服务业发展和城镇功能提升的现实状况，从而有助于加快兵团现代服务业发展步伐，更好地实施兵团向南发展战略，这对实现兵团经济的均衡发展，缩小兵团区域发展差距，构建和谐兵团都有重要的现实意义。

第二，运用多元统计分析和计量经济分析等手段，对兵团城镇功能提升水平进行综合测评，并对兵团现代服务业发展促进城镇功能提升效果进行了定量测度，将为兵团相关部门制定促进现代服务业发展决策提供科学依据。

第三，对当前兵团现代服务业发展促进城镇功能提升存在的问题和原因进行剖析，借鉴国内外相关经验，并提出相关建议，为相关部门提供参考。

1.2 研究主要内容

1.2.1 研究对象

兵团地处祖国西北，经济发展缓慢，城镇化与服务业发展起步较晚，在加快现代服务业发展和兵团向南发展战略实施的大背景下，结合兵团经济发展落后、资源利用效率和环境承载力低下及城镇功能不完善的现实情况，本书拟通过探讨现代服务业发展促进城镇功能提升的作用机理，分析兵团现代服务业发展和城镇功能提升的现实基础，并采用实证手段测评兵团现代服务业发展提升城镇功能的绩效，在此基础上借鉴国内外相关经验，有针对性地提出城镇功能提升视角下加快兵团现代服务业发展的政策建议。

1.2.2 主要目标

本书是基于城镇功能提升视角下探究兵团现代服务业发展及两者之间的关系，具体来看可以分为以下几个子目标：①总结梳理城镇功能提升与现代服务业发展之间的理论框架和作用机制；②查证分析兵团现代服务业发展与城镇功能提升的现状，结合现状找出目前两者在发展过程中存在的主要问题；③实证分析城镇功能提升视角下兵团现代服务业发展存在的主要障碍；④总结国内外地区发展经验，结合兵团发展实际，找出可供借鉴之处，以期为兵团提供参考建议；⑤基于城镇功能提升视角研究兵团现代服务业发展的路径与政策支持体系。

1.2.3 总体研究框架和具体研究内容

第1章：绪论。本章包含选题的背景和意义、国内外研究动态及评述、研究的方法和思路、研究的内容与技术路线以及研究的创新之处五部分内容，主要是在确定研究选题、通过整理分析国内外相关文献资料并对其研究成果进行综合分析与评价的基础上，提出本书的研究内容、方法与研究思路及创新点，初步建立起论文的框架体系结构。

第2章：相关理论概述。本章主要由城镇功能和现代服务业的相关概念界定及相关理论基础构成。首先对现代服务业和城镇功能的相关概念进行了界定；其次对关于三次产业分类、配第—克拉克定律等相关基础理论进行了分析，从而为本书所研究的核心问题提供理论支撑。

第3章：现代服务业发展与城镇功能提升机理分析。本章首先分析现代服务业发展对城镇功能提升的作用机理，其次对城镇功能提升对现代服务业发展的促进作用进行了分析。

第4章：兵团现代服务业发展促进城镇功能提升现状。本章由兵团现代服务业发展现状和兵团城镇功能提升现状两部分构成，从现代服务业和城镇功能的内涵出发，对兵团现代服务业发展现状和兵团城镇功能提升现状进行了详细描述，并总结出目前兵团现代服务业发展和城镇功能提升存在的主要问题。

第5章：兵团现代服务业发展提升城镇功能实证研究。本章首先构建指标体系，综合测评了兵团城镇功能提升水平；其次介绍了实证分析中所选取的相关变量、所涉及的相关模型和估计方法及资料来源；最后整体评价了兵团现代服务业发展促进城镇功能提升的绩效。

第6章：国内外经验及对兵团的借鉴。本章分别分析了美国、欧盟及中国的北京、上海等国内外现代服务业发展提升城镇功能的相关经验，以期为兵团提供参考借鉴。

第7章：研究结论及对策建议。在前文分析的基础上，首先对研究结论进行总结，其次结合国内外相关经验，有针对性地提出城镇功能提升视角下兵团现代服务业发展的对策建议。

1.3 国内外研究现状

1.3.1 国外研究动态

（1）关于现代服务业相关研究。

在国外很少有"现代服务业"的说法，其一般称为新兴服务业、知识密集型服务业，20世纪80年代后，西方出现得更多的说法是"生产性服务业"。

Allen Fisher 在其1935年发表的《安全与进步的冲突》中，在第一产业和第二产业的基础上将经济发展过程和生产部门的变化结合考虑，第一次提出了第三产业的概念，并将其应用于国民经济产业结构的划分。随后，Colin Clark 于1940年丰富了 Fisher 的第三产业概念，在其著作《经济进步的条件》中将国民经济结构划分为三大部门，其中第三大部门即是服务业部门，并且直接用"服务性产业"代替了 Fisher 的第三产业概念。罗斯托（Rosto，1960）在讨论经济发展五阶段论以及库兹涅茨（Kuznets，1966，1971）在探讨现代经济增长过程中的产业结构转型时，都提到当时的商业贸易和服务业中就早已涵盖了从制造业中分离出来的提供生产服务的行业，并将其称为生产性服务业（Producer Service）（或"生产者服务业")。Howells 和 Green（1987）提出生产性服务业是供应各种专业性服务的产业，包括金融、商务、法律咨询、技术研发等。而 Gruble 和 Walker（1989）从中间需求的角度来界定生产性服务业，他们提出生产性服务业并不是直接用于最终消费的，并不是直接产生效用，而是一种经济中的中间投入，用来生产另外的产品或服务。Rubalcaba（2007）从商务服务业的生产率、创新能力和吸纳就业能力三个方面分别进行了分析，得出商业服务业对欧洲经济增长的拉动作用。Mckee（2008）研究了经济增长与服务业之间的关系，研究表明，不同的服务业部门对经济发展的促进作用有所不同，金融服务业能持续不断地促进经济发展，而商务服务业部门逐渐走向国际化，对全球经济具有深远影响。Strauss-Kahn V. 和 Vives X.（2009）利用美国企业层面的数据进行分析，认为由于生产性服务业的发展，企业总部基于工资水平与相对税率的考虑，会迁入都市圈的中心城市。

1935 年开始，西方的服务业理论的研究趋于系统化，系统化标志即是英国的经济学家费希尔在《文明和安全的冲突》一书中首次提出第三产业的概念。随后，克拉克（1940）提出了著名的配第—克拉克定律，由此搭建了服务业研究的最基本的框架。鲍莫尔和富克斯分别于 1967 年、1968 年提出了鲍莫尔—富克斯假说（Baumol-Fuehs Hypothesis），即通过运用宏观经济模型，分析了服务业各方面的贡献等，由此将服务业研究并入了主流经济学的基本框架中。库兹涅茨（1971）总结出的产业结构演变规律，从而深化了对服务业的研究。2001 年，菲斯克在《互动服务营销》一书中系统地论述了服务管理创新的相关理论和方法。

（2）关于城镇功能的相关研究。

城镇功能是在城镇发展进程中形成的，也称"城市职能"。通常理解为城市在国家和地区范围内的社会经济生活中所能发挥的作用，包括行政、经济、文化、交通等多方面的功能。在多种功能中，对整个国民经济以及周围地区产生突出影响，反映城市本质特征，并对城市经济自身起导向作用的功能是城市的主要功能，其他称为辅助功能。周振华（1995）、张桂娟（2009）通过研究发现，20世纪50年代后期，发达国家大规模开展小城镇建设，增强小城镇功能，在20世纪70年代左右，发达国家基本完成了农村城镇化进程。当今世界的发达国家在城镇发展中一直处于领先地位，在此期间形成的有关理论主要有1954年刘易斯提出的城乡二元结构理论、1955年佩鲁（Francois Perroux）提出的增长极理论以及1966年弗里德曼（J.R. Fridemna）的伴随核心与边缘理论。

（3）关于现代服务业和城镇功能之间关系的相关研究。

第一，关于现代服务业促进城镇功能提升的相关研究。国松久弥（1971）认为，城镇化的本质就是城镇经济中的服务业与第二产业集聚的过程。之后，随着国家现代化的发展，第二产业对城镇化进程的效用逐渐减弱，而服务业的促进作用会逐渐增强。Browning（1975）提出，服务业创造的经济效益对城镇化水平有促进效应，库兹涅茨（1989）进一步从吸纳劳动力的角度指出城市服务业为城镇提供了大量的就业机会，促进了城镇化的发展。Henderson（1997）认为，由于社会分工导致第一产业向二三产业转移的产业结构变化使劳动力发生转移，这造成了城镇化的出现。Black和Henderson（1997）发现，现代服务业发达的城镇的规模大于其他产业为支撑的城镇的规模，因而他认为现代服务业对城镇化进程的推动作用更为明显。

第二,关于城镇功能提升促进现代服务业的相关研究。Chenery(1975)指出城镇化会使从事服务业的劳动力增加。Singelnann(1978)则提出了城镇化是促进服务业发展的动因,城镇规模的大小影响其主导产业选择形成及发展。Black Henderson(1999)发现,一般而言,在发达城镇中,金融、教育等现代服务业规模较大,制造业等传统服务业则规模较小,同时服务业的发展推动着城镇化的进程。Daniels(1991)通过计量手段发现处于城市化进程中的区域市场使服务业得到初步发展,从而得出结论:城市化进程可以促进服务业扩张的。Harris(1995)指出,城镇有着巨大网络效应,是服务业发展的核心。Simon Kuznets(1999)认为,服务业产值会因城镇需求而增长。Yoshima Araki(1997)发现,服务业劳动人口占城镇总人口的比例和其城镇化进程有显著的相关关系。Chang(2006)通过考察中国城镇进程,提出城镇化可借助服务业创造更多就业机会,同时也可推动服务业发展。Tiffen(2003)从劳动力、人力资本角度进行研究,发现在城镇化为传统服务业提供大量廉价劳动力的同时,人力资本向城市集聚,从而促进了城市金融、教育等现代服务业的发展。Messina(2004)以OECD国家经济发展的面板数据为基础,运用回归分析的方法发现,城镇化能够促进服务业就业,同时城市化水平的提高对扩大服务业规模有显著功效。Changetal(2006)研究发现城镇化促进服务业就业的增加。

第三,关于现代服务业和城镇功能提升互动关系的相关研究。Riddle(1986)通过对1981年已经完成工业化的国家进行研究,发现工业化国家的服务业比重与城镇化率之间存在显著的正相关关系。杨治、杜朝辉(2000)通过分别计算1870年至1970年发达国家城镇化与第二产业、服务业之间的相关系数，发现城镇化与第二产业之间的相关性远低于其与服务业之间的相关性。Chang 等（2006）研究发现，城镇化促进了服务业发展，同时服务业也为农村剩余劳动力提供了就业机会。

1.3.2 国内研究动态

（1）关于现代服务业相关研究。

国内"现代服务业"这一说法出现于 1997 年 9 月党的十五大报告中，之后 2000 年中央经济工作会议中提出改造和提高传统服务业同时也要发展新兴服务业。越来越多的目光聚焦在现代服务业发展这一问题上。

通过对北京、上海、广州等一线城市的研究，可以发现，我国现代服务业在城市发展演变过程中的呈现最重要的特点是产业聚集。例如，林彰平（2006）通过对广州进行研究，发现金融业作为服务业的重要组成部分，其早期发展以本地业务为主，这与伦敦、我国香港等国际金融中心以国际金融业务为主、金融服务业和本地制造业弱相关的情形相差很大。其在空间布局上呈现出由"集中于越秀"的初始空间格局变为"中心区多点集聚"的空间格局。赵群毅（2007）通过对北京考察，发现生产性服务业整体上处于空间集聚阶段，呈现"城八区集中分布，外围点状分布"的整体格局。陈秀山（2007）研究发现，北京同样存在聚集特征。其空间区位选择是由市场规律、政府规划、城市特色共同作用的结果。陈前虎（2008）、李普峰（2008）、甄峰（2008）的研究表明，生产性服务业在不同大小的区域存在集中于分散并存的结构格局。陶纪明（2009）分析了上海生产性服务业，并提出了高水平的生产性服务业主要集中在地铁线附近，大型企业与中小型企业呈"中心—外围"的路径发展。朱彩凤（2009）运用比较分析、投入产出分析等方法在论述了现代服务业对国民经济贡献的基础上，进一步论证了现代服务业与制造业间表现为相互作用、相互依赖、互动发展的一种动态内在联系，从而指出现代经济的增长动力来自现代服务业与制造业交融互动发展；并且通过对美国和中国四张投入产出表的现代服务业的产业关联分析，证实了中国的现代服务业与美国存在较大的差距，而且中国现代服务业还面临着需求不足，与工业互动发展不足的局面。闫星宇（2010）采用层次分析法对我国现代服务业主导产业进行选择，最终确定租赁和商务服务业，信息传输、计算机服务和软件业，教育、文化艺术和广播电影电视业，金融、保险业，批发和零售贸易餐饮业，交通运输、仓储及邮电通信业为我国现代服务业的主导产业。任英华（2011）在纳入空间效应的前提下，构建了现代服务业集聚形成机理空间面板计量模型，对我国28个省份相关数据实证研究表明：我国现代服务业集聚在省域之间有较强的空间依赖性和正的空间溢出效应。技术差异在时间维度上对现代服务业集聚促进作用显著，在空间维度上并不显著；交易费用与现代服务业集聚有显著的负相关性；知识溢出、规模经济、政府行为对现代服务业集聚促进作用显著。卫海英（2012）以北京、上海、广东、浙江、江苏、山东六省份为例分析了我国经济发达地区现代服务业发展水平区域差异现象，并用数据包络分析法对技术效率区域差异假说进行了实证检验。研究表明，各经济发达地区的现代服务业在服务外包、集聚效应、外资拉动三条发展路径上存在差异，进而导致现代服务业六个子行业——信息传输、计算机服务和软件业、租赁与商业服务业、金融、科技服务业、教育以及文化产业的技术效率差异，最终造成了我国经济发达地区现代服务业发展水平区域差异。刘辉、申玉铭、邓秀丽和王伟（2013）对北京金融服务业空间布局及其模式的研究发现，北京金融服务业的空间布局呈现"单中心集聚，总体扩散"区位特征。丁正山（2014）以常熟市各乡镇为研究区域，以 2007～2011 年生产性服务业就业人数为基础数据，运用主成分分析、空间基尼系数、区位商等方法和指标对常熟市各乡镇生产性服务业集聚的整体水平、行业特征及专门化率进行研究。结果表明，常熟市服务业集聚整体差异显著，空间上整体呈现出一种典型的单中心、大梯度等级化集聚发展态势。李佳洺（2014）利用 2000 年、2005 年和 2010 年地级市行业从业人员的数据，通过区位基尼系数和空间自相关性分析，发现中国生产性服务业在地理空间中整体呈现点状集中的模式，进而对不同行业的集聚特点进行比较分析，认为信息服务业和商务服务业是首位城市集聚模式，科研技术服务业和房地产业是位序规模分布的模式，金融业则是均衡分布的模式。崔大树（2015）应用分异指数、空间基尼系数、地区 Hoover 指数等常规统计方法与基于空间统计学的探索性空间数据分析方法一起，研究了长江三角洲地区生产性服务业的空间分异特征，发现长三角地区生产性服务业的发展具有明显的聚集效应，在多"中心—外围"空间结构的基础上有网络化趋势。陈红霞（2016）基于全国尺度、八大区尺度和省域尺度空间基尼系数和空间洛伦茨曲线的分析，认为 2003～2013 年，生产性服务业空间集聚呈现"均衡—非均衡"的发展趋势。张贺（2017）采用区位熵指数，对

1995～2014年东北三省服务业集聚程度进行估算。实证分析发现：东北地区自然资源优势明显，人力资本和地区经济资源不足；地区服务业集聚程度受工业化程度、地区规模、政府干预等因素影响较大。贺小丹（2017）以京津冀地区高端生产性服务业集聚形成及其经济效益为研究对象，在提出理论假设后，利用城市级面板数据对高端生产性服务业各细分行业分别进行实证研究。研究发现，信息化水平、知识密集度、人力资本、地方政府保护都对高端生产性服务业集聚形成影响，且各细分行业的集聚形成对不同因素的依赖度与敏感度存在差异，且数据显示北京市作为京津冀区域中心，已成为各高端生产性服务业的中心集聚地，且集聚效应显著。陈红霞（2018）以北京市第二次和第三次经济普查数据为基础，基于空间分析方法的综合运用，实证分析了北京市生产性服务业空间集聚特征与发展规律。研究认为，北京市生产性服务业集聚具有空间分异性、行业分异性和行业间空间一致性等特征。

（2）关于城镇功能的相关研究。

在国内，费孝通（1985）提出发展小城镇的重要性，且认为农村的发展需要一个小城镇为其服务中心。陈文玲（2012）、魏后凯（2012）分别肯定了中小城市是我国城镇化发展的主力军。改革开放以后，随着城镇化进程的加快，对城镇功能提升问题的探讨也越来越广泛、深入，刘晓鹰（2002）将我国小城镇发展模式分为七大类型，不同的发展模式导致了城镇功能的差别，王亚平（1999）、刘晓辉（2007）分别提出了影响城镇功能完善的不同因素，概括起来有产业因素、制度因素、区位因素、劳动力素质因素、思想的开放度因素等。并认为，短期内后四种因素不会发生太大的变化，因而短期内影响其完善程度的最重要因素就是产业因素。许方球（2004）通过对黑龙江延边口岸小城镇进行研究，指出内陆边境地区口岸城镇，是以行使对外贸易过货口岸职能为主要功能，或兼有其他城市主要功能，在边境地区发展起来的特殊城市。刘建立（2005）通过对黑龙江垦区进行研究认为，小城镇主要以农业服务型城镇为主，为垦区农业发展服务，兼有一些工业拉动型、旅游拉动型、市场拉动型、综合发展型城镇。于涛方（2006）根据第五次人口普查数据，对中国城市功能格局进行研究，发现我国与发达国家和地区的城市具有较大的差异性，其中最为突出的就是伴随城市规模的增长，服务业等功能专门化并未表现出明显态势；相反，制造业等在规模较大的城市比重更高，中小城市服务业所占比重相对较高。陈柳钦（2007）认为，产业集群对城市功能存在诸多依赖，应以产业集群为导向来优化城市功能，以城市产业集群为基础规划城市功能定位，强化城市主导功能，优化城市功能空间结构，加强城市功能支持体系建设，并促进城市功能区际协调。王世巍（2007）以深圳市为研究对象，对城市功能和城市人口问题作了相应研究，他指出城市功能和城市人口相互作用、共同发展。高宜程（2008）从城市功能定位的角度，对城市功能、区域和定位三个概念的内涵进行深刻剖析，认为城市功能具有复合性、等级性、动态性、内部复杂性和空间具体性等特征；区域与城市腹地范围有所区别，不仅是一个空间范围，而是具有丰富的内涵。李芳（2008）以兵团边境团场城镇为研究对象，认为其功能定位主要为戍边的政治军事功能、戍边的经济建设功能、戍边的社会发展功能、戍边的自然与社会可持续发展功能。郭晶（2009）指出，城市开放与城市功能具有互动关系，而在城市开放度不断提高的背景下，为解决城市低层次开放和分散化，应解决城市功能未得到相应提升而形成功能上的缺陷的问题。邵士官（2010）

认为，小城市具备的三个重要功能，即一定区域经济发展的主要载体、适应城市化进程的区域就业中心、实现生活方式转变的区域社会中心。陈柳钦（2011）指出，城市空间结构决定城市功能模式，而在城市空间结构的基础上形成的城市内部的功能分区以及不同功能区之间的相互关系形成城市功能的空间结构。区际之间开放协调是城市功能优化的重要途径：一是与周边地区的协调，二是区域协调，三是全球协调。魏宗财（2013）结合信息技术对中国城市影响的实际，从信息技术影响下城市空间相互作用方式、空间结构的构成要素及其影响因素的变化出发，对信息时代国内城市功能特征进行研究，发现全球化、柔性化、复合化、差异化已成为信息时代城市功能的主要特征。郭小燕（2014）指出，小城镇功能存在不完善、综合承载能力弱、经济实力不强、制度和政策缺失等多方面的影响，进而对农业转移人口市民化与的小城镇功能提升提出了具体措施；王猛（2015）构建了基于Duranton和Puga（2005）的D-P功能专业化指数以及自定义的相对功能专业化指数，进而估计城市功能专业化对经济增长的影响进而提出城市应明确自身功能定位并着重发展优势功能。柴志贤（2016）利用部分城市面板数据，实证检验了城市功能专业化对产业效率的影响。研究结果表明，城市功能专业化显著推动了生产性服务业的效率增长，而对工业效率表现出一定的抑制效应。田冬（2017）通过研究以国民经济和社会发展五年规划为周期，对2000年以来城镇发展历程和政策演变进行研究分析，认为我国在"十二五"时期之后小城镇功能开始朝特色化发展。徐维洋（2017）指出，在知识经济的大背景下，城市功能迭代更新与持续升级表现出了城市多样性的拓宽和专业性的深化。

（3）关于现代服务业和城镇功能相关研究。

国内现代服务业和城镇功能相关联的研究已经成为学术界研讨

的热点，研究内容主要集中在：王玉珍（1999）认为，为加快第三产业的进程，必须提升城镇化水平，通过城镇的建设和发展使人口聚集以使城镇化和第三产业协同发展。李炳坤（2002）认为，城镇化为服务业集聚发展提供空间，同时服务业供需规模的提升与城镇规模的增长存在正向线性关系。李江帆（2004）通过归纳总结我国自改革开放以来城镇化与服务业的发展历程，认为由城市经济带来的人口聚集效应和规模经济效应促进了服务业的发展。周振华（2005）认为，第三产业专业化程度和该地区的城镇功能完善程度密切相关。高敏（2006）通过对四个发达国家进行研究，发现城镇化水平的提升促进了服务业就业率的增加。陈剑（2006）认为，与城市功能相适应的现代服务业未得到充分发展因而影响了经济发展，提出其服务业发展要体现城市功能。赵卫明、陈修颖（2008）通过对浙江的研究，提出了城镇化和服务业的相互作用能促进经济又好又快地发展。王崇举、邹璇（2008）通过截面回归分析认为，城镇功能与第三产业发展之间存在内在互动关系，并提出发展第三产业是完善发展欠发达地区城镇功能的重要途径。张天翼（2009）运用实证分析、比较分析、规范分析等分析方法，阐述了现代服务业的发展对城市功能提升的影响。宋建厂（2010）认为，第三产业与城镇功能完善存在互动关系，体现在第三产业从质上为城镇功能完善起着支撑和推动作用，同时城镇功能完善又反过来影响第三产业内部结构。李程骅、郑琼洁（2012）通过建立 ARDL 模型，以江苏省数据作为研究样本发现无论是长期来看还是短期来看，服务业都对城市化起着正向促进作用。曾桂珍、曾润忠（2012）用协整模型证明了城市化与服务业两者存在无地域差别的均衡的关联。陈立泰（2013）认为，服务业主要通过集聚经济效应来推动城镇化建设进程，但在不同的区域存在差异。于斌斌、胡汉辉（2013）通过建立产业集群与城市化的演化模型，发现服务业与城市化之间是一种多阶段的互动过程。张蕾（2013）基于投入产出和城市流强度模型，利用北京市2005年和2010年社会经济、投入产出、市辖区人口等相关数据，提出以生产性服务业为基础的金融、科学研究、信息传输、计算机服务等行业的发展，引起了产业结构升级和城市空间结构的相应变化，由此提升了城市的经济功能。韩峰（2014）在外部性和新经济地理综合框架下研究中国284个地级市生产性服务业集聚对城市化的影响。结果显示，生产性服务业专业化和多样化集聚对城市化具有显著的技术溢出效应，且专业化集聚效果更明显。唐勇、龚新蜀（2015）采用2000～2012年中国四大经济区的数据，运用面板数据模型系统分析了现代服务业发展对区域城镇功能的提升效应，得出如下结论：首先，现代服务业发展与城镇功能提升之间存在长期均衡关系；其次，现代服务业就业水平对城镇功能有显著的提升作用，但现代服务业产出水平对城镇功能的提升作用具有实质性的区域差异；再次，分阶段分析结果表明现代服务业对城镇功能提升的贡献是一个动态的变化过程；最后，现代服务业发展对城镇各层面功能的提升作用也存在明显的区域差异。杨仁发（2016）结合理论层面分析产业集聚对城镇化内在作用机理，采用系统GMM估计方法，利用2004～2013年我国30个省份面板数据，实证分析产业集聚对我国城镇化的异质性影响。实证结果表明：我国仍处于以制造业集聚主导城镇化发展的阶段，服务业集聚对城镇化的促进作用并没有显现；而服务业细分行业集聚对城镇化的影响也各不相同，生产性服务业集聚和消费性服务业集聚显著促进城镇化发展，但公共性服务业集聚对城镇化发展为负的显著性。

黄大为（2017）以 2001 年、2005 年、2009 年、2013 年广东省 21 个地级市服务业发展数据为样本进行实证研究，指出服务业集聚水平与服务业空间联系程度是城镇化发展的重要驱动因素，服务业集聚程度的提高以及服务业空间联系的加深有助于加速推动区域间人口、信息、资本等资源要素的流通，主导并推动地区城镇化进程向前发展。

1.3.3　对现有成果的评析

在理论研究方面，学者主要基于产业结构和消费结构、人力资本与劳动力分工、规模经济等角度阐述城镇功能与服务业的关系。Singelmann（1978）通过对就业人口迁移与产业结构进行分析，从而最先提出了城市建设与服务业之间具有相关关系。这一观点为后面的研究提供了理论支持。Messina（2004）提出，服务业的发展需要在城市发展和其公共服务部门的共同作用下进行。俞国琴（2004）提出在服务业、城镇化建设之间存在相互促进的关系。葛宝琴（2010）认为，服务业在空间上的聚集会使服务业发挥乘数效应，进而加速城镇化发展。雷潇雨（2014）认为，城镇化进程使劳动力聚集的同时，城市功能的提升也推动着消费结构的转变，从而使城市服务业向合理化和高级化发展。

在实证研究方面，现有的研究方法大多选取了与城镇化和服务业相关的数据，运用向量自回归模型、灰色模型、主成分分析回归等方法对两者相关度展开研究。Daniels（1991）以美国为例，运用计量分析检验模型，对其各城市服务业的发展进行了考察，提出了服务业发展水平和该地区城镇建设状况之间存在一定的依赖性。王耀中（2014）为研究服务业和新型城镇化的相关性，通过建立省级面板数据，从而证实了服务业和城镇化之间所具有的且高度的相关性。唐勇和龚新蜀（2015）运用面板数据模型，论证出现代服务业发展、城镇功能提升之间存在一种长期均衡的关系，该行业的就业水平对区域内各地的城镇功能均有着显著提升作用。底阳阳、张鹏程等（2017）采用熵值法对衡量兵团新型城镇化发展水平评价指标体系进行测算，得到各年综合评价得分，由得到的综合发展指数可知，2003~2013年新型城镇化综合发展指数有波动，但整体呈上升趋势。

已有的相关文献关于现代服务业发展促进城镇功能提升的研究涵盖面较广，针对性较强，也具有较好的开创性，但在某些方面还有进一步研究的必要和空间：

第一，国外的研究文献，关于服务业与城镇化之间的关系已有大量的研究，而且取得了丰硕的成果，但相关研究集中于生产性服务业与城镇化之间的关系研究，对现代服务业发展促进城镇功能提升的研究较少。

第二，国内目前虽有若干文献研究现代服务业发展促进城镇功能提升并取得了一定的结论，但还是存在如下几点缺陷：①大多注重实证分析，理论成果很少。②大多从宏观层面进行研究，思路大同小异，只是研究对象有所不同，新意性不强。③现代服务业发展促进城镇功能提升的途径是什么，不同的学者有不同的见解，这可能会导致相关部门在具体政策的制定和实施过程中，盲目适从，针对性不强。

第三，在分析方法选取上，大多文献对经济发展方式转变的评价采用的是层次分析法，该方法的主观性太强，不够客观，本书选用熵权法，在一定程度上能够克服主观随意性的缺陷。

第四，关于现代服务业发展促进城镇功能提升的文献较少，而以兵团这一特殊区域为对象的文献更是稀缺。基于上述原因，本着立足于兵团、服务于兵团的立场，本书以"城镇功能提升视角下兵团现代服务业发展研究"为题，通过理论和实证手段对兵团现代服务业发展促进城镇功能提升展开深入系统的研究，以寻求加快兵团现代服务业发展的路径和方法，从而为兵团的协调可持续发展提供理论和实践借鉴。

1.4 研究思路与方法

1.4.1 研究思路

在加快现代服务业发展的大背景下，结合兵团经济发展落后、资源利用效率和环境承载力低下及城镇功能不完善的现实情况，本书拟通过探讨现代服务业发展促进城镇功能提升的作用机理，分析兵团现代服务业发展和城镇功能提升的现实基础，并采用实证手段测评兵团现代服务业发展提升城镇功能的绩效，在此基础上借鉴国内外相关经验，有针对性地提出城镇功能提升视角下加快兵团现代服务业发展的政策建议。

1.4.2 研究方法

第一，理论研究与实证研究相结合的方法。本书在梳理现代服务业发展与城镇功能提升相互作用机理时采用理论探讨，而对兵团现代服务业发展促进城镇功能提升的现实基础的描述与提升效果的测度则采用实证分析方法。

第二，定量分析与定性分析相结合。本书在测评兵团城镇功能提升水平及兵团现代服务业发展对城镇功能提升效果测评时以定量分析为主，而对相关概念的界定及兵团现代服务业发展促进城镇功能提升存在的问题及成因则以定性分析为主。

第三，综合分析与比较分析法。本书在对兵团现代服务业发展促进城镇功能提升绩效进行测评时采用的是综合分析法，而对兵团现代服务业发展和兵团城镇功能提升现状进行分析时则采用比较分析法。

1.5 主要创新

第一，近年来，关于现代服务业发展的文献研究较多，形成了一系列理论研究成果。但从研究视角看，这些研究多聚焦如何促进现代服务业的发展，本书基于城镇功能提升的视角展开研究，研究视角具有新颖性。

第二，在分析兵团现代服务业发展和城镇功能提升现实基础的前提下，一方面构建兵团城镇功能提升评价指标体系，并运用熵权法对兵团城镇功能提升水平进行评价；另一方面运用VAR模型整体上测算了兵团现代服务业发展促进城镇功能提升的效果，评价方法有一定的创新。

第三，现有研究大多是对国内整体进行分析，或是以东部沿海发展较快的地区为例来探讨现代服务业和城镇功能的相互作用，对西部发展较缓慢的地区研究较少。因而本书试图以兵团这一特殊的地区为对象来研究现代服务业发展和城镇功能提升间的相互作用关系，研究区域具有新颖性。

第 2 章 相关理论概述

2.1 相关概念界定

2.1.1 现代服务业

（1）服务业。

服务业概念在理论界尚未定论。一般认为服务业是指生产和销售服务产品的生产部门和企业的集合。服务产品具有非实物性、不可储存性和生产与消费的同时性等特征。

在我国国民经济核算实际工作中，将服务业视同为第三产业，即将服务业定义为除农业、工业之外的其他所有产业部门。在国民经济行业分类中共包括十五个产业部门。在1985年的《关于建立第三产业统计的报告》中，国家统计局将第三产业分为四个层次：第一层次是流通部门，如交通运输、邮电仓储等；第二层次是给生产和生活服务的部门，如金融、保险、旅游、公用事业等；第三层次是提高科学文化水平和居民素质服务的部门，如科研教育、广播文化、生活福利等；第四层次是满足社会公共需要的部门，如国家机关、军队警察、社会团体等。

（2）传统服务业和现代服务业。

传统服务业是指为人们日常生活提供各种服务的行业，大都历史悠久，如餐饮业。所谓的传统服务业，一方面是需求的"传统"性，具体体现在该种需求在工业化以前就广泛存在；另一方面是指生产方式的"传统"性，如家仆服务和传统商业。

"现代服务业"的提法最早出现在1997年9月党的十五大报告中，是指那些不生产商品和货物的产业，主要包括金融、信息、咨询、物流、会计、法律服务等行业。

现代服务业的提法是对应于传统服务业而言的。它以现代科学技术尤其是信息技术为支撑，以新的商业模式、服务方式和管理方法为基础，形成了信息技术与服务产业结合的产物。具体包括两类：一类是直接因科技发展而产生的新形态，如计算机和软件服务、现代物流业等；另一类是利用信息技术对传统服务业进行改造或是传统服务业衍生而来的形态，如银行证券等现代金融、房地产业及类似于法律服务等中介服务业等。通过发挥各自的优势，使社会生产、分配和消费诸环节实现有机联结，加快了资金流、物流、信息流和人流的运转。

可以说"传统服务业"主要是指商业、餐饮等改善消费者体能的服务，而"现代服务业"是指金融、旅游等改善人体智能的服务。

因而，本书定义的现代服务业包括信息传输与计算机服务和软件业、金融业、房地产业、租赁和商务服务业、科学研究、技术服务和地质勘察业、水利、环境和公共设施管理业、教育、卫生、社会保障和社会福利业以及文化、体育与娱乐业，由于某些数据资料的限制，在数值的具体计算上，将现代服务业近似为第三产业增加值减去交通运输、仓储和邮政业，批发和零售业以及住宿和餐饮业三大传统服务业增加值而得。

2.1.2 城镇功能

王崇举（2006）指出，城镇功能是满足城镇居民物质生活、精神生活和推动城镇及其腹地经济发展和社会进步的能力，包括宜居功能、集约辐射功能、环境功能以及创新功能。也就是说，城镇功能指城镇所承担的任务和在其中所起的作用，包括政治的、经济的、文化的、生态的任务。城镇功能是城镇内在的基本要素。随着社会的发展，城镇所承担的任务和作用也趋于多样化，对四大基础功能进行细化则包括基础设施、科教创新功能、居民生活、集约功能、辐射功能、生态环境功能、人口环境功能等。

2.2 理论基础

2.2.1 现代服务业发展相关理论

2.2.1.1 可持续发展理论

可持续发展是科学发展观的核心内容，其研究重点是人类社会在经济增长的同时如何适应并满足生态环境的承载能力以及人口、环境、生态和资源与经济的协调发展等方面的内容，表现为人口、资源与发展关系的协调及自然、经济、社会复合系统的健康、持续、稳定的和谐发展。现代服务业所依赖的生产资源主要为知识、信息与人力资源，有助于保护自然环境，特别是不可再生资源；现代服务业的发展推动力是观念创新，而不是传统的物质生产，有助于克服工业生产过程导致的严重环境污染问题，因而现代服务业的发展可以结束以损害环境为代价的工业化发展方式，不仅可以提高资源的使用效率，而且可以极大地减缓自然资源的压力；无论是生产过程，还是生产效果，现代服务业都完全符合可持续发展的思想，因此，它是符合可持续发展目标的产业形态。

2.2.1.2 配第——克拉克定律

自17世纪起，配第通过多次考察，得出了产业结构演进的规律性结论：随着全社会人均国民收入水平的提高，就业人口首先由第一产业向第二产业转移，随着收入水平的进一步提高，就业人口便大量向第三产业转移。人们称这种由人均收入变化引起的产业结构变化规律为配第——克拉克定律。

其中，第一产业国民收入及劳动力的相对比重趋于减少的原因有以下三点：①农产品的收入弹性较低，是导致第一产业国民收入相对比重下降的一个重要原因。②农业处于报酬递减状态，也是导致第一产业国民收入相对减少的一个重要原因。③农业劳动生产率的提高是第一产业劳动力相对比重下降的重要原因。

与此同时，第二产业国民收入及劳动力的相对比重不断增加的原因也包含以下三个方面：①消费结构变化使工业产品的需求量增加，从而使工业产品的需求收入弹性处于有利的地位。②国民收入中用于投资部分的增长在不断扩充着生产资料的工业品市场，工业品市场的扩大反过来又给工业的增长和工业提高国民收入的增长创造了条件。③工业化推进到一定阶段后，工业内部存在排斥和吸纳劳动力的两股力量势均力敌，即工业技术进步迅速，工业部门的资本有机构成的不断提高，产生出排斥工业部门本身劳动力的力量。与此同时，工业部门内部的行业扩大与增加又产生出吸纳劳动力的力量，这种排斥与吸纳力量趋于平衡，就使第二产业的劳动力相对比重趋于稳定。

此外，引起第三产业劳动力的相对比重上升及国民收入的相对比重不断增加的原因如下：①第三产业的资本、技术的"进入壁垒低"，为劳动力大量进入该产业提供了可能。②随着人们收入水平提高，"服务"等产品的需求收入弹性高，"服务"产品市场的不断扩大，使劳动力进入第三产业成为必然。③服务性产品"差别小"，因而该产业内竞争激烈，不易形成垄断，服务产品附加价值少，随着经济发展、人民收入水平提高，第三产业的产品市场的不断扩大而导致国民收入相对比重上升的有利因素，大部分被该产业产品附加价值较小的不利因素相抵偿，从而使第三产业的国民收入相对比重上升不多，处于微升状态。

2.2.1.3　主导产业扩散理论和经济成长阶段论

（1）主导产业扩散理论。

根据罗斯托的阐述，主导产业是指能够依靠科技进步或创新，引入新的生产函数；能够保持持续高速的增长率；具有较强的扩散效应，对其他产业乃至所有产业的增长起决定性的影响。主导产业的这三个特征是有机整体，缺一不可。这类产业往往会对其他产业起着引导作用，又对国民经济起着支撑作用。

罗斯托认为，在任何时期，经济增长之所以能够保持，是为数不多的主导部门迅速扩大的结果，而这种扩大又对其他产业部门产生了具有重要意义的作用，即产生了主导产业的扩散效应，包括回顾效应、旁侧效应和前向效应。罗斯托的这些理论被称为主导产业扩散效应理论。

（2）经济成长阶段论。

罗斯托根据科学技术和生产力发展水平，将经济成长过程分为六个阶段：一是传统社会不存在科学技术，生产力水平低下。二是为"起飞"创造前提阶段，此时科学技术开始在农业和工业中产生作用，占人口75%以上的劳动力逐渐从农业转移到工业、交通、商业和服务业。投资率的提高明显超过人口增长水平。三是"起飞"阶段。相当于产业革命时期，积累率在国民收入中所占比率增加到10%以上，有一种或多种经济主导部门带动国民经济的发展。四是向成熟挺进阶段，现代科学技术有效地应用于大部分资源，投资率达10%~20%。由于技术的不断改进和新兴工业的迅速发展，经济结构也发生了变化。五是高额大众消费阶段。这时的工业已经高度发达，主导部门已经转移到耐用消费品和服务业部门。六是追求生活质量阶段，这个阶段的主导部门是为提高生活质量的产业，包括教育、医疗、社会福利、文化、旅游等部门。

（3）产业集聚理论。

产业集聚是出现在工业化后期的一种空间产业组织形式，是指在特定领域内，一群地理毗邻又交互相关，根据共同性和互补性彼此联结的企业与法人组织；又指集中于同一地理位置，通过协同定位取得竞争优势的产业。早在一个世纪前，经济学家马歇尔就已经阐述了企业区位选择于特定地方的经济动因是由于外部经济，即同一产业越多的企业聚集于一个区位，就越有利于企业所用生产要素的聚集，也会随之降低整个产业的生产成本，且生产会越来越专业化，其效率也会不断提高，这一区域内的企业也会变得更加具有竞争力。现代服务业集聚区的基本特征是产业性和集聚性，因而，现代服务业通过采用集聚区的方式发展，一方面可以使企业共享投入的资源，降低生产成本，最终获得规模经济带来的收益；另一方面可以通过利用企业集聚产生的知识溢出，促进企业间不断地模仿和学习，从而产生学习效应，进而将所学习到的新知识和技术应用于实践，成就产品的精细化、多样化以及差异化，并通过多种方式渠道的宣传打造独立的产品品牌和商业区位品牌，进而提高自身的市场竞争力。

2.2.2 城镇功能提升相关理论

2.2.2.1 增长极理论、点轴理论及网络布局模式

增长极理论是由法国经济学家佩鲁提出的，其核心内容是：在一国经济增长过程中，由于某些主导部门或者有创新力的企业在特定区域或者城市聚集，从而形成一种资本和技术高度集中，增长迅速并且有显著经济效益的经济发展机制。

点轴理论是增长极理论的延伸，从区域经济发展的空间过程看，产业，特别是工业先集中于少数点，即增长极。随着经济的发展，工业点增多，点与点之间由于经济联系的加强，必然会建设各种形式的交通通信线路使之相联系，这一线路即为轴。

网络布局是点轴布局模式的延伸。一个现代化的经济区域，其空间结构必须同时具备三大要素：一是"节点"，即各级各类城镇；

二是"域面",即节点的吸引范围;三是"网络",即商品、资金、技术、信息、劳动力等各种生产要素的流动网。

网络式开发就是强化并延伸已有的点轴系统。通过增强和深化本区域的网络系统,提高区域内各节点间、各域面之间,特别是节点与域面之间生产要素交流的广度和密度,使"点""线""面"组成一个有机的整体,从而使整个区域得到有效的开发,使本区域经济向一体化方向发展。同时通过网络的向外延伸,加强与区域外其他区域经济网络的联系,并将本区域的经济技术优势向四周区域扩散,从而在更大的空间范围内调动更多的生产要素进行优化组合。这是一种比较完备的区域开发模式,它标志着区域经济开始走向成熟阶段。

2.2.2.2 核心——边缘理论

约翰·弗里德曼(John Friedmann)对发展中国家的空间发展规划进行了长期的研究,并提出了一整套有关空间发展规划的理论体系,尤其是他的核心——边缘理论,又称为核心——外围理论,已成为发展中国家研究空间经济的主要分析工具。弗里德曼利用熊彼特的创新思想建立了空间极化理论,他认为,发展可以看作一种由基本创新群最终汇成大规模创新系统的不连续积累过程,而迅速发展的大城市系统,通常具备有利于创新活动的条件。创新往往是从大城市向外围地区进行扩散的。基于此,他创建了核心——外围理论。核心区是具有较高创新变革能力的地域社会组织子系统,外围区则是根据与核心区所处的依附关系,而由核心区决定的地域社会子系统。核心区与外围区已共同组成完整的空间系统,其中核心区在空间系统中居支配地位。

2.2.2.3 区位理论

在城镇化的发展过程中,城镇结构演变与空间内产业、企业及其他区位主体的区位选择密切相关，区位主体的经济和社会活动过程及结果都会影响城镇化发展。区位理论主要有：德国经济学家冯·杜能（1862）提出了农业区位理论，按照生产成本、农产品价格及运输费用对农业生产利润的影响，构建了以城市为中心的圈层分布农业生产模式；韦伯（1909）提出了工业区位理论，通过对具有相互作用关系的劳动力、运输和聚集因素三个区位因子的分析与计算，提出了以成本最低点确定工业企业的理想区位及相应的工业布局；奥古斯特·廖什（1940）提出了市场区位理论，指出企业区位选择中市场需求和市场规模的重要性，企业目标区位应是利润最大的市场地域。

2.2.2.4 二元经济结构理论

二元经济结构理论是由英国经济学家刘易斯（A.Lewis，1915～1991）于1954年提出的。在其《劳动无限供给条件下的经济发展》一文中，阐述了"两个部门结构发展模型"的概念，揭示了发展中国家并存着由传统的自给自足的农业经济体系和城市现代工业体系两种不同的经济体系，这两种体系构成了"二元经济结构"。由于传统农业部门人口过剩，耕地数量有限，加之生产技术简单而很难有突破性进展，生产的产量在达到一定的数量之后，基本是无法再增加的，所以每增加一个人所增加的产量几乎为零，即农业生产中的边际生产率趋于零，有时甚至是负增长，那部分过剩的劳动力被称为"零值劳动人口"。正是由于大量的"零值劳动人口"的存在，才导致发展中国家经济发展水平长期处于低水平，造成城乡差距。在城市现代工业体系中，各工业部门具有可再生性的生产资料，生产规模的扩大和生产速度的提高可以超过人口的增长，即劳动边际生产率高于农业部门的生产边际生产率，工资水平也略高于农业生产部门,所以可以从农业部门吸收农业剩余劳动力。由于工业部门所支付的劳动力价格只要比农业部门的收入略高,农业剩余劳动力就会选择到工业部门去工作,农村劳动力是廉价的,这样工业部门可以支付较少的劳动报酬,而把多余资本再投入到扩大再生产的过程中,这样一来,又可以吸收更多的农民到工业部门,形成一个良性运行过程,促使农业剩余劳动力的非农转移,使二元经济结构逐步削减。这是发展中国家摆脱贫困走上富裕的唯一途径。

第 3 章 现代服务业发展与城镇功能提升机理分析

3.1 现代服务业发展提升城镇功能的机理分析

3.1.1 现代服务业发展提升城镇宜居功能

宜居功能是城镇最基础的功能，宜居就要满足居民生活所需。从需求方面来说，要满足居民生活需要，并使居民有相应的生活能力，从供给方面来说，城镇能够为居民生活提供必要的支撑。

现代服务业的发展促进居民工资性收入的增加。现代服务业是以现代科学技术特别是信息网络技术为主要支撑的服务产业，相对于以劳动投入取代资本投入发展起来的传统服务业而言，知识密集型的现代服务业更是一种高增值的产业，能够为具有相匹配的从业素质的居民提供更好的就业机会，增加其工资性收入，从而提升城镇的宜居功能。

现代服务业的发展促进城镇的劳动力利用率的提高。现代服务业相比于劳动密集型的传统服务业而言，对从业人员的从业素质要求较高，因而并不能直接提供就业岗位，而是通过把高素质的居民同现代服务业就业岗位相匹配，其原有的工作岗位在竞争机制的调节下配置给相应的居民，从而促进了城镇劳动力利用率的提高，并使就业结构得到一定优化，进而提升城镇的宜居功能。

现代服务业的发展为居民提供更多的消费需求。现代服务业是通过对服务功能转型和对服务模式创新从而产生的一种新的服务业，具有创造需求、引导消费的能力，能够适应居民不断升级的消费结构和精神需求，从而给予居民高感情体验、高精神享受的消费服务质量，满足居民日益增长的美好生活的需要，提升城镇的宜居功能。

现代服务业的发展促进城镇社会服务功能的完善。现代服务业蕴含着大量的基础设施建设需求和公共服务需求，在城镇为其提供保障的同时，城镇的宜居功能也有很大的提升，城镇完善的基础设施也为居民生活提供着便利和保障，使信息交流更加畅通、教育事业更加完善、医疗卫生体制更加健全。同时，非排他性的现代服务产品产生的外溢效应能够提升城镇的社会福利，为城镇居民提供更为舒适的环境，提升了城镇的宜居功能。

3.1.2 现代服务业发展提升城镇集约辐射功能

现代服务业的发展促使城镇集聚效应的出现。现代服务业发展过程中呈现的一个重要特点就是集群性。现代服务业在行业和空间的集群会产生规模效应，使经济活动的生产成本大大降低、信息资金等流通更加快速高效，提高城镇经济发展的速度和质量，使经济的集聚效应凸显，进而吸引高素质人才、技术、资金等优质资源的流入，进一步提升城镇的集约功能。

现代服务业的发展增强城镇的辐射功能。受地理位置、人力资源、交通条件等各种因素的影响，区域之间的经济发展呈现出不均衡状态。发展现代服务业，能显著地拉动城镇经济发展，使城镇成为一个增长极，成为该区域经济发展的中心。中心城镇的经济成果不断向周围扩散、辐射，其辐射范围的广度和强度也是由现代服务业的发展程度决定的，现代服务业发展水平越高，其辐射能力越强，带动和示范作用越有效。

3.1.3 现代服务业发展提升城镇环境功能

城镇的环境不仅包括生态环境，涉及社会环境，还包括社会风气、社会保障相关制度安排等。

现代服务业的发展促进城镇生态环境的改善。城镇化发展进程中，资源是必不可少的投入要素，但相对于其他产业来说，现代服务业在大力拉动经济增长的同时对资源消耗少，这意味着更高效的资源利用和更少的污染物排放，从而能够有效地改善城镇的生态环境，提升城镇的生态环境功能。此外，现代服务业空间上的集聚会产生竞争效应，迫使生产者提升要素利用率，降低等量产出的要素投入和污染排放，有利于城镇生态环境的改善。

现代服务业的发展促进社会风气的改善。现代服务业具有高文化品位的特点，在不断满足和提升城镇居民精神需求的同时，潜移默化地增强居民对城镇的认同感、归属感、责任感。

3.1.4 现代服务业发展提升城镇创新功能

首先，现代服务业的发展激励居民不断提升自我，提升城镇的创新功能。现代服务业具有高文化品位、高技术含量、高素质高智力的人力资源结构等特点，因而，对从业人员的相关素质有相应的要求，高工资能够激励居民学习并掌握相关技能，为创新提供知识储备。

其次，现代服务业集聚能够产生规模经济，释放出正的经济外部性，提升产业竞争力和整个区域的创新能力，促进城镇经济高效发展。一是现代服务业集聚能够产生显著的规模效应和技术溢出效应，以土地、资源利用为例，研究显示现代服务业集聚水平与城镇土地、资源集约利用效率具有显著的正相关性，现代服务业的专业化和多样化集聚能够有效地促进城镇土地和资源利用效率的提升；二是现代服务业集聚能够促进企业之间的合作和竞争，这使得集聚区内的企业在享受到上下游企业提供的便利服务的同时，也要面临更多相同层级企业之间的竞争，这能够有效地激发企业的资源整合能力、企业间协作能力、创新力和竞争力，促进城镇经济高效发展。

最后，现代服务业集聚通过提升要素利用效率，可以有效地减少资源的投入和生产中的污染物排放，促进生态城镇化效率的提升。服务业的集聚促进企业生产所需的劳动力、土地、资源、资本等要素的集中，更好地实现要素获得和共享，降低等量产出的要素投入和污染排放，助推生态城镇化效率的提升。

3.2 城镇功能提升促进现代服务业发展的机理分析

3.2.1 城镇宜居功能提升为现代服务业发展提供消费需求

现代服务业发展的集群特质使服务在时间与空间上无法分离，因而限制了现代服务业承接。发展城镇经济，提升城镇功能尤其是宜居功能，能有效地吸引人口和资源的集聚，为现代服务业发展提供支持，当人口的集聚到一定程度时，会形成潜在的消费市场，出现对现代服务业产品的巨大需求。

3.2.2 城镇集约辐射功能提升为现代服务业发展提供质量保障

城镇规模的大小和城镇发展水平影响现代服务业的发展程度，一般来说，城镇规模越大、城镇发展水平越高，越能保障现代服务业又好又快地发展。城镇越发达，城镇的集约效应越显著，越能吸引资本、人才的流入，使城镇经济社会分工愈加细化、城镇规模更加庞大、产业结构更加合理，更有力地推动金融、保险、商务服务、科研等现代服务业的发展；城镇越发达，城镇的辐射效应越显著，越能带动周边地区经济的发展，使城镇现代服务业的消费市场更为广阔、消费群体更加多元化，从而促使现代服务业不断地创新发展。

3.2.3　城镇创新功能提升为现代服务业发展提供动力

城镇创新功能提升的是城镇化进程中各种交流的加强，例如生产要素流动、人力资本的流动、信息交换等。这种交流必然带动传统服务业尤其是现代服务业的发展，如房地产、金融保险、法律与信息咨询、旅游以及科教文卫等行业进行扩展。另外，由于城镇化的集聚效应以及城镇丰富的高端人才优势，一些新的服务业创新层出不穷，新行业的不断出现为服务业的发展提供了活力。

3.2.4　城镇环境功能提升为现代服务业发展提供消费需求

城镇环境功能提升可以使现代服务业的发展解决资源错配的问题，降低行业进入壁垒，大力发展民生性质的服务行业，不仅可以降低消费者的预防性储蓄，提高消费能力，还能增进国民福利水平。同时，还可以使现代服务业发展吸纳剩余劳动力，这就可以保证消费者的收入水平。随着工资的上涨，家庭自我服务的成本在上升，理性消费者会选择从外部购买，在释放家庭劳动力的同时提高了对现代服务业的需求，从而促进了社会分工程度的细化和现代服务业的发展。在此基础上，服务种类的增加和质量的提高又进一步提高了居民的消费需求。

第4章 兵团现代服务业发展促进城镇功能提升现状

4.1 兵团现代服务业发展现状

根据前文的定义，现代服务业包括信息传输与计算机服务和软件业、金融业、房地产业、租赁和商务服务业、科学研究与技术服务和地质勘察业、水利与环境和公共设施管理业、教育、卫生与社会保障和社会福利业以及文化、体育与娱乐业等几大行业，所以对兵团现代服务业现状的描述，大体也是从这几个方面展开。由于2003年前兵团现代服务业发展落后，统计数据缺失严重，因此，本章根据2004～2018年统计年鉴，收集了2003～2017年兵团和各师的数据，从现代服务业各产业入手，通过对产业增加值和就业状况两方面的探讨，详细描述了兵团现代服务业的发展状况，并以此为基础，和同期新疆及全国平均水平作对比，更直观地展现了兵团现代服务业的发展水平。

4.1.1 兵团现代服务业变化总趋势

（1）产业增加值变化情况。

如表4-1所示，2003~2010年，随着西部大开发政策的推行，各项基础设施的建立，兵团第三产业发展迅速，第三产业增加值占兵团GDP增加值的比重维持在30%左右，兵团现代服务业增加值占第三产业增加值的比重高达约65%。

表4-1 兵团增加值情况

单位：%

年份	第三产业增加值/GDP增加值	现代服务业增加值/第三产业增加值
2003	33.08	58.69
2004	35.54	64.29
2005	35.37	68.41
2006	35.75	67.66
2007	34.27	66.14
2008	33.42	65.72
2009	32.65	66.27
2010	29.79	67.16
2011	28.37	64.38
2012	27.87	64.24
2013	29.20	59.18
2014	31.34	59.65
2015	32.20	57.78
2016	32.84	56.93
2017	34.47	56.07

资料来源：《兵团统计年鉴》（2004~2018年）。

自 2013 年开始，兵团第三产业占 GDP 比重赶超第一产业所占比重，第三产业增加值占 GDP 增加值的比重高于 30% 且不断增加，但增加幅度较小，同时，兵团现代服务业增加值占第三产业增加值的比重也呈现小幅度下降趋势。

2013 年至今，兵团已形成了"二、三、一"的基本产业结构，第三产业增加值占 GDP 增加值的比重缓慢回升，据最新统计，2017 年比重值已达 34.47%，但兵团现代服务业增加值占 GDP 增加值的比重仍然保持着小幅度下降趋势。

对比近年来同期新疆和全国的发展水平，从图 4-1 可以看出，兵团第三产业对兵团经济的发展起着越来越大的作用，兵团第三产业对兵团经济的贡献值呈稳步上升趋势，但数据显示，其贡献值均低于同期新疆发展水平，更远低于同期全国平均水平，约为全国平均水平的 1/2。随着兵团第三产业的发展，兵团第三产业对其自身经济的推动作用与新疆以及全国平均水平的差距在缓慢缩小。与此同时，随着第三产业的发展，兵团现代服务业对第三产业的贡献率

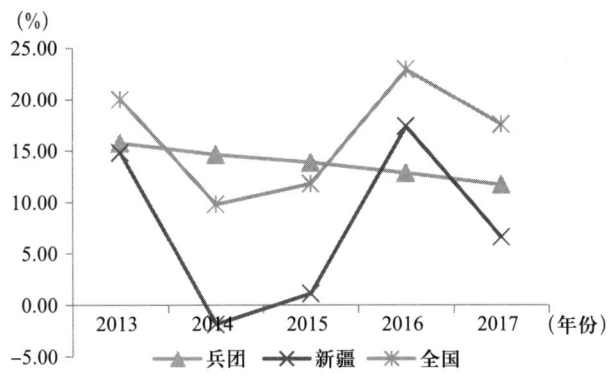

图 4-1 兵团、新疆、全国第三产业增加值占 GDP 比重对比

资料来源：《兵团统计年鉴》（2014～2018 年）、《新疆统计年鉴》（2014～2018 年）、《中国统计年鉴》（2014～2018 年）。

呈轻微下滑趋势，对比新疆和全国而言，新疆现代服务业对其第三产业的贡献波动较大，总体呈下降趋势。全国平均现代服务业对其第三产业的贡献波动上升，如图4-2所示。综合而言，兵团的现代服务业发展水平不高。

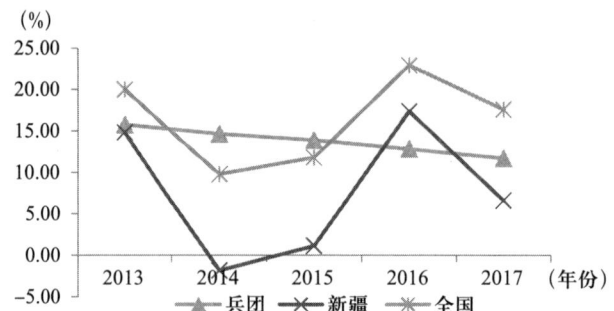

图4-2 兵团、新疆、全国现代服务业增加值占第三产业增加值比重

资料来源：《兵团统计年鉴》（2014～2018年）、《新疆统计年鉴》（2014～2018年）、《中国统计年鉴》（2014～2018年）。

如表4-2所示，就兵团各师情况而言，兵团内部现代服务业发展较为均衡，大多数师部的现代服务业发展稳健，都对兵团现代服务业的发展起着积极的推动作用。其中，对兵团现代服务业发展做出贡献最大的前三个师按贡献程度由大到小分别是第十一师、第十四师和第八师。据最新统计数据显示，2017年，第八师的贡献率排名降至第六名，被前几年紧随其后的第三师取代，但仍高于兵团平均水平约10%。此外，兵团各师中现代服务业发展较为落后的三个师按落后程度由大到小依次是第十二师、第四师和第七师，第十二师现代服务业对兵团的贡献率虽常年居于末位，但保持着稳步上升的趋势，不断拉近与兵团平均水平的距离。第四师对兵团的贡献率保持持续上升状态，在2017年脱离末四位状态，并高于兵团平均水平约4%。第七师保持着持续下滑趋势,与兵团平均水平的差距持续增加。

表4-2 各师现代服务业增加值占第三产业增加值比重情况

单位:%

单位\年份	2013	2014	2015	2016	2017
兵团	59.18	59.65	57.78	56.93	56.07
一师	68.03	67.44	65.87	65.24	64.93
二师	62.34	62.90	62.89	61.81	60.07
三师	74.48	75.32	76.52	76.10	76.47
四师	51.43	53.76	53.94	54.60	58.73
五师	70.00	72.47	72.61	72.38	71.83
六师	58.76	61.02	59.22	58.78	55.98
七师	55.52	56.54	53.85	51.50	48.49
八师	77.25	76.75	72.86	68.91	66.88
九师	69.55	66.65	66.85	67.61	67.29
十师	63.36	63.43	58.85	56.89	55.67
十一师	93.20	92.64	90.79	92.94	86.99
十二师	34.39	34.51	31.66	33.53	34.71
十三师	69.21	66.99	65.80	64.99	61.83
十四师	84.17	84.34	86.54	87.08	88.06

资料来源:《兵团统计年鉴》(2014~2018年)。

(2)产业就业人数情况。

如表4-3所示,2003~2010年,兵团第三产业就业人数从289361人增加到365620人,增幅近1/4,到2010年,兵团第三产业就业人数占就业总人数的比重已超过1/3,说明第三产业在提供就业岗位、拉动经济发展方面做出了很大的贡献。此外,现代服务业就业人数也从152956人增加到181672人,增幅约为18%,并且现代服务业就业人数占第三产业就业人数的比重维持在50%。说明现代服务业的发展为第三产业提供了近半的工作岗位，现代服务业在第三产业发展中发挥着重要作用，第三产业的发展离不开现代服务业的发展。

表4-3 兵团就业情况

单位：%

年份	第三产业就业人数占就业总人数比重	现代服务业就业人数占第三产业就业人数比重
2003	29.66	52.86
2004	30.84	54.86
2005	31.54	51.90
2006	32.07	51.70
2007	31.63	52.51
2008	34.53	51.08
2009	34.31	50.50
2010	34.44	49.69
2011	33.98	50.25
2012	35.93	49.29
2013	39.11	48.22
2014	41.03	48.11
2015	44.14	46.66
2016	50.09	51.26
2017	49.30	49.28

资料来源：《兵团统计年鉴》（2004~2018年）。

2010~2013年，随着兵团产业结构向"二、三、一"转变，兵团第三产业就业人数不断增加，第三产业持续向好发展，与此同时，现代服务业就业人数占第三产业就业人数的比重开始围绕

50%上下波动，但波动幅度较小。

2013～2017年，兵团产业结构已完成了"二、三、一"转变模式，从整理的数据来看，兵团第三产业已提供了就业总人数一半的工作岗位，兵团第三产业对经济发展提供了持续的发展动力，发展势头良好。然而，兵团现代服务业就业人数占第三产业就业人数的比重围绕50%的波动幅度较上个阶段有所增大，说明兵团现代服务业的发展并未跟上第三产业的发展速度。但总体而言，兵团现代服务业就业人数占第三产业就业人数的就业比率基本维持在50%这个水平，从这个数据来说，兵团的现代服务业发展较好。下文对比了近年来兵团与同期新疆和全国的就业率，如图4-3所示，全国平均水平、新疆以及兵团的第三产业人数占总就业人数的比重在2013～2017年都大体呈上升趋势。兵团第三产业吸纳的劳动力逐年上升，符合新疆和全国平均发展态势的同时，其吸纳劳动力的速度还高于新疆及全国平均水平，说明兵团第三产业发展势头良好。与此同时，随着第三产业的发展，兵团现代服务业吸纳的劳动力虽然总体呈上升趋势并维持在50%左右，但是对比新疆及全国平均水平而言，兵团的现代服务业吸纳的劳动力仅占全国平均水平的约1/2。对比第三产业高于全国平均吸纳就业的能力可以看出，兵团现代服务业的发展还处于初级阶段，发展缓慢且落后，如图4-4所示。

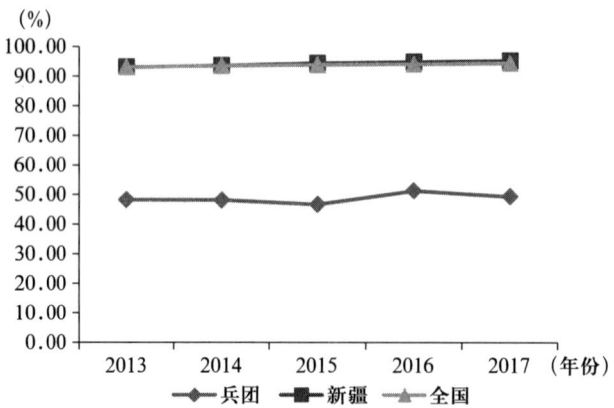

图 4-3　兵团、新疆、全国第三产业就业率

资料来源:《兵团统计年鉴》(2014～2018 年)、《新疆统计年鉴》(2014～2018 年)、《中国统计年鉴》(2014～2018 年)。

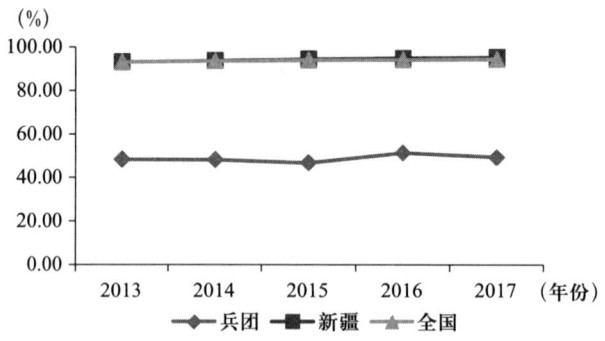

图 4-4　兵团、新疆、全国现代服务业就业率

资料来源:《兵团统计年鉴》(2014～2018 年)、《新疆统计年鉴》(2014～2018 年)、《中国统计年鉴》(2014～2018 年)。

4.1.2　金融业

(1)产业增加值变化情况。

如表 4-4 所示,2003～2010 年,兵团金融业增加值从 63192 万元增加到 337180 万元,增幅近 4.3 倍,平均每年增幅约为 0.5

倍，对比同期第三产业及现代服务业增加值，可推断出兵团金融业发展势头良好，处于发展初期，动力强劲，因而在兵团现代服务业发展中发挥着重要作用。金融业对兵团现代服务业的贡献不断增大，贡献率总体呈上升趋势，稳定在20%以上。

表4-4 兵团金融业增加值情况

单位：万元，%

年份	金融业增加值	金融业增加值占现代服务业增加值的比重
2003	63192	12.11
2004	143044	20.72
2005	226487	28.26
2006	280000	30.79
2007	277278	27.73
2008	294130	25.59
2009	334850	25.34
2010	337180	21.87
2011	281168	15.94
2012	343266	16.01
2013	413085	15.94
2014	492885	15.17
2015	534697	14.85
2016	627091	15.72
2017	717755	15.88

资料来源：《兵团统计年鉴》(2004~2018年)。

2010~2013年，金融业持续发展，金融业增加值从337180万元增加到413085万元，增幅近23%，平均每年增幅约为5%，增速放缓，其对现代服务业的推动作用也有所减弱，其贡献率维持在50%左右，发展速度减慢。

2013～2017年，金融业增加值由413085万元增加到717755万元，增幅近74%，平均每年增幅约为25%，较上一阶段增速有所提升，但金融业对现代服务业的贡献率依然呈小幅度波动下降趋势，目前维持在50%的水平。

对比兵团整体发展现状，金融业的发展态势与兵团现代服务业发展保持一致，因此可以推断，金融业的发展对现代服务业的发展起着重要作用。

对比近年来同期新疆和全国的发展水平，如图4-5所示，2014年前，兵团金融业增长态势与新疆增长趋势相悖，但整体与全国平均水平发展趋势保持一致，低于全国平均水平约8%。2014～2016年，全国平均水平总体呈小幅度波动上市趋势，与此同时，新疆呈大幅下降趋势，跌至7%，随后跌幅减缓，跌至5%，低于全国平均水平约18%。兵团呈现与全国平均水平相同的增长趋势，增速缓慢但逐渐减少了与全国平均水平的差距。2017年的新疆金融业的发展都呈缓慢回升状态，但未突破11%的水平，兵团不断缩小着

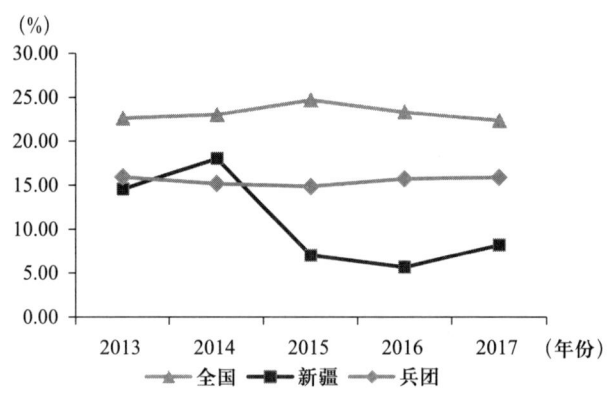

图4-5 兵团、新疆、全国金融业增加值

资料来源：《兵团统计年鉴》（2014～2018年）、《新疆统计年鉴》（2014～2018年）、《中国统计年鉴》（2014～2018年）。

与全国平均水平的差距，低于全国平均水平约14%。总体而言，可以看出，兵团金融业对兵团现代服务业的发展起着重要作用，其贡献值呈稳步上升趋势，其贡献值虽在某些年份低于同期新疆与同期全国平均水平，且发展缓慢，但一直保持着稳步发展趋势，而同期新疆金融业发展波动大，与全国水平总体均呈下降趋势；新疆金融业发展与全国金融业平均发展状态一致，而兵团处于发展初期阶段，因而发展稳步向好。

（2）产业就业人数情况。

如表4-5所示，长期以来，金融业就业人数呈上升趋势，前景较好。

表4-5 兵团金融业就业情况

单位：人，%

年份	金融业就业人数	金融业就业人数占现代服务业就业人数的比重
2003	5600	3.66
2004	11572	7.01
2005	2482	1.53
2006	2156	1.32
2007	2035	1.23
2008	4880	2.70
2009	5397	3.01
2010	6408	3.53
2011	6612	3.45
2012	5444	2.62
2013	6438	2.72
2014	7222	2.77
2015	8082	2.88
2016	8355	2.36
2017	11408	3.26

资料来源：《兵团统计年鉴》（2004～2018年）。

2003～2010年，兵团金融业就业人数由5600人增加到6408人，年均增幅约为2%，但是，金融业就业人数占现代服务业就业人数的比重自2005年开始呈上升趋势，说明这一时期，金融业在提供就业岗位方面的贡献优于其他现代服务行业。

2010～2013年，兵团金融业就业人数处于略有波动的状态，因而，金融业就业人数占现代服务业就业人数的比重也随之变化。

2013～2017年，兵团金融业就业人数由6438人增加到11408人，年均增幅约为15%，金融业就业人数占现代服务业就业人数的比重也随之回暖并且再次回复至3%的水平。

对比近年来同期新疆和全国的就业率，如图4-6所示，2015年前，兵团的发展趋势符合全国平均水平，均呈上升趋势，且兵团的发展始终高于全国平均水平约0.7%。2016年，兵团与新疆发展态势一致，呈大幅度下降趋势，且与全国平均水平发展态势相反，但仍高于全国平均水平约0.3%。2017年，兵团金融业就业水平又同全国平均水平发展态势一致，呈大幅度上升趋势，和全国平均水

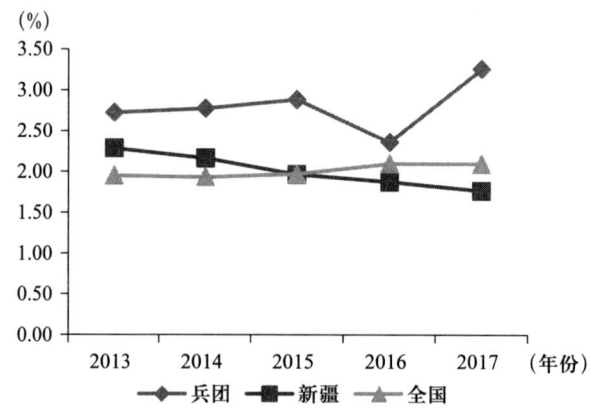

图4-6 兵团、新疆、全国金融业就业率

资料来源：《兵团统计年鉴》（2014～2018年）、《新疆统计年鉴》（2014～2018年）、《中国统计年鉴》（2014～2018年）。

平的差距拉至约1.2%，比新疆水平高出约1.5%。

总体而言，兵团金融业吸纳劳动力能力虽在2016年出现大幅度下降后大幅上升，但总体趋势保持向好，符合全国平均发展态势的同时，其吸纳劳动力的速度远高于新疆及全国平均水平，说明兵团金融业发展势头良好。但结合人口基数来说，兵团金融业就业比重高也反映出兵团现代服务业的发展水平不高，就业基数小，因而增长速度远高于全国平均水平。

4.1.3 房地产业

（1）产业增加值变化情况。

如表4-6所示，2003～2010年，兵团房地产业增加值从70850万元增加到178742万元，增幅近1.5倍，平均每年增幅约为19%，虽略低于同阶段金融业的发展，但对比同期第三产业及现代服务业增加值，可推断出房地产业发展势头良好，在兵团现代服务业发展中发挥着重要作用，房地产业对兵团现代服务业的贡献较为稳定，其贡献率总体维持在10%左右。

2010～2013年，房地产业持续发展，房地产业增加值从178742万元增加到407990万元，增幅近1.2倍，平均每年增幅约为23%，快于同阶段金融业的增速，其对现代服务业的推动作用也持续增加，其贡献率达15%，发展速度平稳向好。

2013～2017年，房地产业增加值从407990万元增加到528858万元，增幅近30%，平均每年增幅约为6%，较上一阶段增速有所下降，房地产业对现代服务业的贡献率也随之呈小幅度下降趋势，目前维持在10%以上的水平。

表 4-6　兵团房地产业增加值情况

单位：万元，%

年份	房地产业增加值	房地产业增加值占现代服务业增加值比重
2003	70850	13.58
2004	100893	14.62
2005	96192	12.00
2006	91352	10.04
2007	99662	9.97
2008	115264	10.03
2009	140754	10.65
2010	178742	11.59
2011	240871	13.66
2012	295301	13.78
2013	407990	15.74
2014	475025	14.62
2015	499404	13.87
2016	511899	12.83
2017	528858	11.70

资料来源：《兵团统计年鉴》（2004～2018年）。

总体而言，自2003年以来，兵团房地产业增加值大幅上升，但房地产业对兵团现代服务业的贡献总体围绕在12%且呈小幅波动状态，说明房地产业发展平稳，对现代服务业发展起着持续稳定的推动作用。对比兵团整体发展现状，房地产业的发展态势与兵团现代服务业发展保持一致，因此，可以大致推断房地产业的发展同样对兵团现代服务业的发展起着重要作用。

对比近年来同期新疆和全国的发展水平，如图4-7所示，2014年前，兵团增长态势与新疆和全国平均水平发展趋势保持一致，呈下降趋势，但降幅较小，2014年，兵团的房地产业贡献值高于全国平均水平约8%，远高于新疆水平。2014～2016年，全国平均水平及新疆房地产贡献率呈大幅上升的趋势，兵团并未随之发展，继续保持小幅度下降趋势，低于全国平均水平约5%，与新疆的差距由15%以上缩减至不足10%且低于全国平均水平约3%。2016年后，全国平均水平、新疆及兵团又保持了一致的下降趋势，兵团下降幅度略低于全国平均水平和新疆水平，但仍低于全国平均水平。整体而言，近几年来，兵团房地产业对兵团现代服务业的发展起着持续稳定的推动作用，但其贡献值呈稳步下降趋势，其贡献值虽保持着高于同期新疆发展水平的平稳状态，但在2016年和2017年均低于全国平均水平。与新疆相比，虽然兵团房地产业发展较为平稳，但未与新疆及全国平均水平保持相当的发展态势，这说明兵团房地产业的发展并未跟上新疆以及全国的发展水平，保持着相对独立的发展环境，这在一定程度上不利于兵团现代服务业的长远发展。

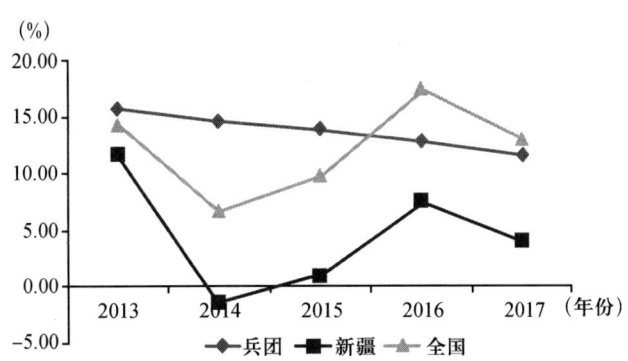

图4-7 兵团、新疆、全国房地产业增加值

资料来源：《兵团统计年鉴》（2014～2018年）、《新疆统计年鉴》（2014～2018年）、《中国统计年鉴》（2014～2018年）。

（2）产业就业人数情况。

如表4-7所示，2003～2010年，兵团房地产业就业人数由1475人增加到4695人，年均增幅约为27%，远高于金融行业同阶段2%的年均增幅。同时，房地产业就业人数占现代服务业就业人数的比重总体呈上升趋势，其上升稳定性和上升趋势均优于同阶段金融业的发展趋势。说明这一时期，房地产业在提供就业岗位方面的贡献优于金融业在内的其他现代服务行业。

表4-7 兵团房地产业就业情况

单位：人，%

年份	房地产业就业人数	房地产业就业人数占现代服务业就业人数比重
2003	1475	0.96
2004	2380	1.44
2005	3428	2.12
2006	3128	1.91
2007	3534	2.14
2008	6564	3.63
2009	4724	2.63
2010	4695	2.58
2011	6151	3.21
2012	8113	3.91
2013	10449	4.42
2014	12192	4.68
2015	13712	4.89
2016	8355	2.36
2017	11408	3.26

资料来源：《兵团统计年鉴》（2004～2018年）。

2010～2013年，兵团房地产业就业人数保持着较快的增长，就业人数由 4695 人增加到 10449 人,年均增幅约为 31%,与此同时,房地产业就业人数占现代服务业就业人数的比重也随之大幅上升,增长 1.21 个百分点。

2013～2017 年,兵团房地产业就业人数略有波动,呈稳定状态,房地产业就业人数占现代服务业就业人数的比重也随之波动。

总体而言,兵团房地产业在经历了近十年的快速发展后,进入了稳定发展状态,为兵团现代服务业发展持续地提供着就业岗位。

对比近年来同期新疆和全国的就业比率,如图 4-8 所示,可以看出,全国平均水平维持在 1.36% 的水平,其波动可忽略不计,新疆与其保持着大致相同的发展态势,其水平维持在 1%～1.1%,兵团发展轨迹较为明显,2015 年前,呈现较快的增长,高于全国平均水平约 4 个百分点,2016 年,其增速相悖于全国发展趋势但与新疆的发展态势保持一致呈下降状态,但仍高于全国平均水平约 3 个百分点,2017 年增速有所上升。总体而言,兵团房地产业吸纳劳动力能力虽有波动,但维持在 4%～5%,远高于同期新疆及全

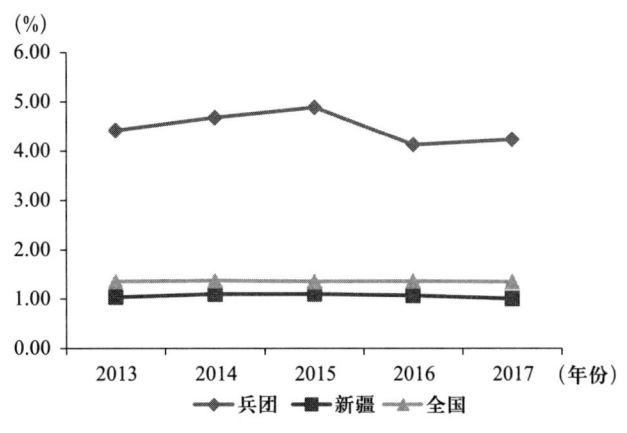

图 4-8 兵团、新疆、全国房地产业就业率

资料来源:《兵团统计年鉴》(2014～2018 年)、《新疆统计年鉴》(2014～2018 年)、《中国统计年鉴》(2014～2018 年)。

国平均水平约4倍,说明其处于发展初期,发展动力强劲,效果显著,为兵团现代服务业的发展发挥着较大的拉动作用。

4.1.4 信息传输、计算机服务和软件业

(1)产业增加值变化情况。

如表4-8所示,2003~2010年,兵团信息传输、计算机服务和软件业增加值从22486万元增加到48541万元,增幅近1.16倍,年均增幅约为15%,远低于同阶段金融业的增幅水平,略低于同阶段房地产业增幅水平,其对兵团现代服务业的贡献率虽维持在3%以上,但总体呈下降趋势。总体而言,这一阶段,相比于金融业和房地产业,信息传输、计算机服务和软件业在兵团的发展较为落后。

2010~2013年,信息传输、计算机服务和软件业增加值持续上涨,从48541万元增加到79433万元,增幅近64%,平均每年增幅约为16%,但增速放缓,其对现代服务业的推动作用进一步减弱,其贡献率维持在3.5%左右。

2013~2017年,信息传输、计算机服务和软件业增加值从79433万元增加到110175万元,增幅近39%,平均每年增幅约为7%,较上一阶段增速进一步降低,其对现代服务业的贡献率随之呈持续下降趋势,跌破3%。

对比兵团整体发展及金融业和房地产业发展现状,信息传输、计算机服务和软件业的发展态势不容乐观,其增速呈持续下降态势,虽增加值逐年上升,但其增加值占现代服务业增加值的比值却逐年下降。迄今为止,缩减了一半的规模,说明在兵团现代服务业

表 4-8 兵团信息传输、计算机服务和软件业增加值情况

单位：万元，%

年份	信息传输、计算机服务和软件业增加值	信息传输、计算机服务和软件业增加值占现代服务业增加值比重
2003	22486	4.31
2004	24198	3.51
2005	24922	3.11
2006	31008	3.41
2007	36885	3.69
2008	41426	3.60
2009	44581	3.37
2010	48541	3.15
2011	68329	3.87
2012	73211	3.42
2013	79433	3.06
2014	89977	2.77
2015	72604	2.02
2016	80892	2.03
2017	110175	2.44

资料来源：《兵团统计年鉴》（2004~2018年）。

发展进程中，信息传输、计算机服务和软件业的发展对现代服务业的发展较为滞后，虽然维持着增长态势，但其发展速度逐渐落后于其他现代服务业发展速度。

对比近年来同期全国的发展水平，如图4-9所示，总体而言，全国平均水平持续上升，兵团总体呈下降趋势两者之间差距不断增大。具体而言，2014年，兵团信息传输、计算机服务和软件业的发展态势与全国平均水平发展方向相反，呈下降趋势，虽在2015年与全国平均水平保持一致的发展方向，但其降速大于全国平均

水平，2015年后，兵团顺应全国平均水平的发展态势呈上升趋势，但相比2003年，两者之间的差距扩大了两倍，降至全国平均水平的1/3，这种发展趋势会成为阻碍兵团现代服务业发展的重要因素。

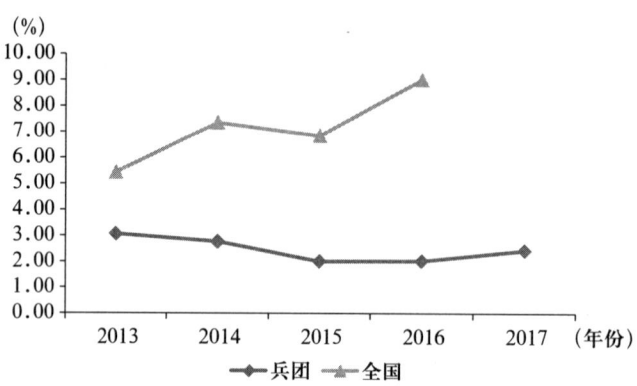

图4-9　兵团、全国信息传输、计算机服务和软件业增加值

资料来源：《兵团统计年鉴》（2014～2018年）、《中国统计年鉴》（2014～2018年）。

（2）产业就业人数情况。

如表4-9所示，2003～2010年，兵团信息传输、计算机服务和软件业就业人数由360人增加到2159人，年均增幅约为62.5%，远高于同阶段金融行业2%的年均增幅，高于房地产业27%的增速。同时，信息传输、计算机服务和软件业就业人数占现代服务业就业人数的比重总体呈上升趋势，但是，其贡献值仅有1%，发展较为滞后。

2010～2013年，兵团信息传输、计算机服务和软件业就业人数保持了一定幅度的增长，就业人数由2159人增加到2738人，年均增幅约为6.7%，高于同阶段金融行业但远低于房地产业的增速。与此同时，信息传输、计算机服务和软件业就业人数占现代服务业就业人数的比重也随之上升不到0.1个百分点，至最高点1.27%。

表 4-9 兵团信息传输、计算机服务和软件业就业情况

单位：人，%

年份	信息传输、计算机服务和软件业就业人数	信息传输、计算机服务和软件业就业人数占现代服务业就业人数比重
2003	360	0.24
2004	1708	1.03
2005	1927	1.19
2006	1696	1.04
2007	1684	1.02
2008	2219	1.23
2009	1896	1.06
2010	2159	1.19
2011	2331	1.22
2012	2637	1.27
2013	2738	1.16
2014	2518	0.97
2015	2560	0.91
2016	2478	0.70
2017	3081	0.88

资料来源：《兵团统计年鉴》（2004～2018年）。

2013～2017年，兵团信息传输、计算机服务和软件业就业人数由2738人增加到3081人，年均增幅约为2.5%，但远低于同阶段金融行业和房地产业的增速，信息传输、计算机服务和软件业就业人数占现代服务业就业人数的比重持续下降，甚至低于2004年的比重水平。

总体而言，兵团信息传输、计算机服务和软件业在兵团的发展滞后于金融业和房地产业的发展，在近十年的发展进程中，其对兵团现代服务业发展推动作用不强甚至还有减弱趋势。

对比近年来同期新疆和全国的就业比率，如图4-10所示，全国平均水平表现出稳中向好的发展态势且维持在1.2%的水平，兵团发展与新疆的发展趋势一致，总体呈现下降趋势，其比重与全国平均水平差距越来越大，但略高于同期新疆的发展水平。这说明兵团信息传输、计算机服务和软件业发展与全国平均水平还有一定差距，其吸纳劳动力的能力虽高于同期新疆水平，但仍呈现下降趋势。

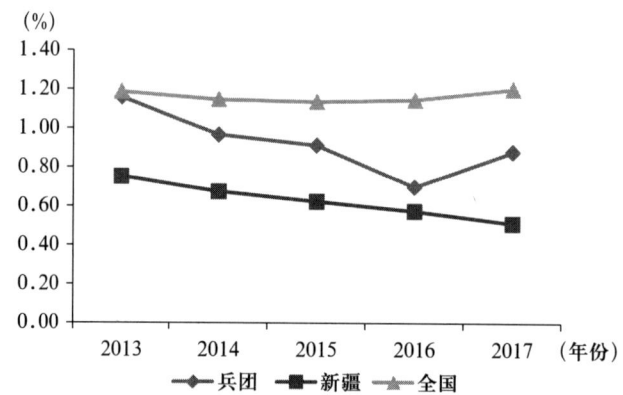

图4-10　兵团、新疆、全国信息传输、计算机服务和软件业就业率

资料来源：《兵团统计年鉴》（2014～2018年）、《新疆统计年鉴》（2014～2018年）、《中国统计年鉴》（2014～2018年）。

4.1.5　租赁和商务服务业

（1）产业增加值变化情况。

如表4-10所示，2003～2010年，兵团租赁和商务服务业增加值从8743万元增加到24953万元，增幅近1.8倍，年均增幅约为23%，远低于同阶段金融业的增幅水平，但高于同阶段房地产业增幅水平，其对兵团现代服务业的贡献率呈下降后急剧上升的趋势。总体而言，这一阶段，相比于金融业和房地产业，甚至相比于信息传输、计算机服务和软件业，租赁和商务服务业的发展显现出一种较不稳定的状态，发展滞后。

表4-10 兵团租赁和商务服务业增加值情况

单位：万元，%

年份	租赁和商务服务业增加值	租赁和商务服务业增加值占现代服务业增加值比重
2003	8743	1.68
2004	17563	2.54
2005	16094	2.01
2006	12621	1.39
2007	7093	0.71
2008	6451	0.56
2009	5390	0.41
2010	24953	1.62
2011	38034	2.16
2012	48939	2.28
2013	78171	3.02
2014	105256	3.24
2015	113366	3.15
2016	145801	3.65
2017	273807	6.06

资料来源：《兵团统计年鉴》（2004～2018年）。

2010～2013年，租赁和商务服务业增加值持续增加，从48541万元增加到79433万元，增幅近2.1倍，平均每年增幅约为53%，增速加快。与此同时，其对现代服务业的推动作用随之增强，其贡献率突破3%，赶上信息传输、计算机服务和软件业对兵团现代服务业发展的贡献率。

2013～2017年，租赁和商务服务业增加值从79433万元增加到110175万元，增幅近2.5倍，平均每年增幅约为5%，依然维持上一阶段，其对现代服务业的贡献率在短短五年内翻了一番，达6%，发展速度惊人。

对比兵团整体发展及金融业和房地产业发展现状，租赁和商务服务业的基础薄弱，初期甚至比不上信息传输、计算机服务和软件业的发展，但其发展动力十足，发展势头良好，发展效果显著，在兵团现代服务业发展进程中扮演着越来越重要的作用。

对比近年来同期新疆和全国的发展水平，如图4-11所示，兵团租赁和商务服务业对兵团现代服务业的发展起着重要作用，其贡献值呈稳步上升趋势。截至2016年，其贡献值虽远低于同期全国平均水平，但根据全国平均水平的趋势图，推测出2017年全国平均水平应继续维持在6%的水平，而在2017年，兵团租赁和商务服务业的贡献比重已突破6%，赶上了全国平均水平。说明兵团租赁和商务服务业发展稳步向好，为兵团现代服务业的发展发挥了越

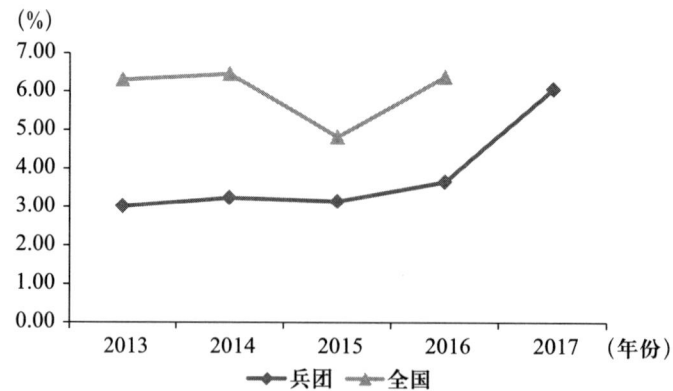

图4-11 兵团、全国租赁和商务服务业增加值

资料来源：《兵团统计年鉴》（2014～2018年）、《中国统计年鉴》（2014～2018年）。

来越大的贡献。

（2）产业就业人数情况。

如表4-11所示，2003～2010年，兵团租赁和商务服务业就业人数由3000人增加到8903人，年均增幅约为24%，远高于同阶段金融行业略低于房地产业的增速。同时，租赁和商务服务业就业人数占现代服务业就业人数的比重总体呈上升趋势，其贡献值不断上升甚至接近于5%，发展动力十足。

表4-11 兵团租赁和商务服务业就业情况

单位：人，%

年份	租赁和商务服务业就业人数	租赁和商务服务业就业人数占现代服务业就业人数比重
2003	3000	1.96
2004	5015	3.04
2005	4761	2.94
2006	7129	4.35
2007	7712	4.67
2008	7713	4.27
2009	8506	4.74
2010	8903	4.90
2011	7006	3.65
2012	10843	5.22
2013	15101	6.39
2014	15978	6.14
2015	16966	6.05
2016	16686	4.71
2017	17686	5.05

资料来源：《兵团统计年鉴》（2004～2018年）。

2010～2013年，兵团租赁和商务服务业就业人数保持着较快的增长，就业人数由8903人增加到15101人，年均增幅约为

17.4%，高于同阶段金融行业但远低于房地产业的增速。与此同时，租赁和商务服务业就业人数占现代服务业就业人数的比重也随之波动上升，突破6%的水平。

2013~2017年，兵团租赁和商务服务业就业人数由15101人增加到17686人，年均增幅约为3.42%，但远低于同阶段金融行业和房地产业的增速，租赁和商务服务业就业人数占现代服务业就业人数的比重波动下降，回归至5%的水平。

总体而言，兵团租赁和商务服务业在兵团的发展稍落后于金融业和房地产业的发展，但近十年的高速发展，其对兵团现代服务业发展表现出越来越强的推动作用。

下文对比近年来同期新疆和全国租赁和商务服务业的就业比率，如图4-12所示，全国平均水平基本维持在1.5%的水平，波动幅度极小。新疆发展水平围绕全国发展水平波动，差距不大，对比而言，兵团的租赁和商务服务业比重水平高于新疆和全国平均水平约5个百分点，随着兵团的发展，这一差距有所缩小，大致呈下降

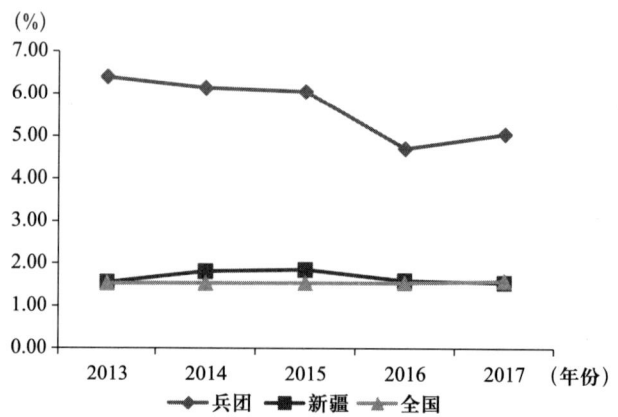

图4-12 兵团、新疆、全国租赁和商务服务业就业率

资料来源：《兵团统计年鉴》（2014~2018年）、《中国统计年鉴》（2014~2018年）。

第4章 兵团现代服务业发展促进城镇功能提升现状

趋势。总体而言，兵团租赁和商务服务业吸纳劳动力的速度远高于新疆及全国平均水平，说明兵团租赁和商务服务业发展势头良好。但结合人口基数来说，兵团租赁和商务服务业就业比重高也反映了兵团现代服务业的发展水平不高，就业基数小，因而增长速度远高于全国平均水平。

4.1.6 科学研究、技术服务和地质勘查察业

（1）产业增加值变化情况。

2003～2010年，兵团科学研究、技术服务和地质勘察业增加值从20260万元增加到45316万元，增幅近1.2倍，平均每年增幅约为15.5%，低于同阶段金融业、房地产业、租赁和商务服务业，略高于信息传输、计算机服务和软件业。与此同时，由表4-12中数据可知，科学研究、技术服务和地质勘察业对兵团现代服务业的贡献稳定在3%左右，高于同阶段租赁和商务服务业对兵团现代服务业的贡献率。

2010～2013年，科学研究、技术服务和地质勘察业持续发展，科学研究、技术服务和地质勘察业增加值从45316万元增加到91483万元，增幅近一倍，平均每年增幅约为25%，增速加快的同时，其对现代服务业的推动作用也有所加强，其贡献率维持在3.5%。

2013～2017年，科学研究、技术服务和地质勘察业增加值从91483万元增加到175667万元，增幅近92%，平均每年增幅约为18%，较上一阶段增速有所减慢，但科学研究、技术服务和地质勘察业对现代服务业的贡献率依然呈小幅度波动上升趋势，目前为3.8%的水平。

表 4–12　兵团科学研究、技术服务和地质勘察业增加值情况

单位：万元，%

年份	科学研究、技术服务和地质勘察业增加值	科学研究、技术服务和地质勘察业增加值占现代服务业增加值比重
2003	20260	3.88
2004	17251	2.50
2005	25503	3.18
2006	26152	2.88
2007	29300	2.93
2008	36839	3.20
2009	39907	3.02
2010	45316	2.94
2011	59205	3.36
2012	78958	3.68
2013	91483	3.53
2014	112477	3.46
2015	135392	3.76
2016	172628	4.33
2017	175667	3.89

资料来源：《兵团统计年鉴》（2004～2018年）、《中国统计年鉴》（2014～2018年）。

对比兵团整体发展现状，科学研究、技术服务和地质勘察业的发展态势与兵团现代服务业发展保持一致，对现代服务业的贡献较为稳定，因此可以大致推断，科学研究、技术服务和地质勘察业的发展对现代服务业的发展起着持续稳定的推动作用。

对比近年来同期新疆和全国的发展水平，如图4-13所示，就全国平均水平来看，呈持续下降的趋势，由2003年的4～5个百分点降至3个百分点。与此同时，兵团科学研究、技术服务和地质勘察业呈现上升趋势，2015年接近4个百分点超过同年全国平均

水平，2016 年高于全国平均水平约 1.2 个百分点，2017 年有所减慢。结合表 4-12 可以说明，总体而言，兵团科学研究、技术服务和地质勘察业发展前景较好。

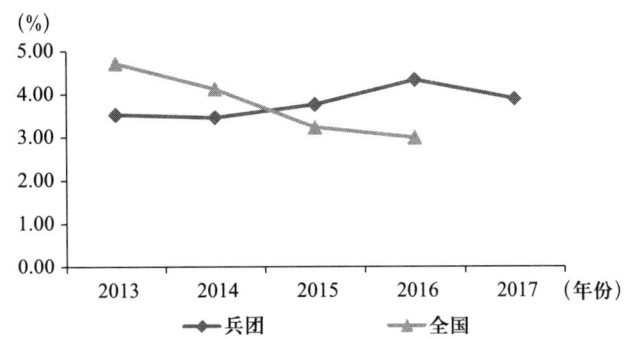

图 4-13　兵团、全国科学研究、技术服务和地质勘察业增加值

资料来源：《兵团统计年鉴》（2014～2018 年）、《中国统计年鉴》（2014～2018 年）。

（2）产业就业人数情况。

如表 4-13 所示，2003～2010 年，兵团科学研究、技术服务和地质勘察业就业人数由 4860 人增加到 6866 人，年均增幅约为 5%，略高于同阶段金融业增幅。与此同时，科学研究、技术服务和地质勘察业就业人数占现代服务业就业人数的比重大致稳定在 3% 以上，说明这一时期，科学研究、技术服务和地质勘察业在提供就业岗位方面的贡献较稳定。

2010～2013 年，兵团科学研究、技术服务和地质勘察业就业人数由 6866 人增加到 10198 人，年均增幅约为 12%，高于上一阶段的年均增幅，科学研究、技术服务和地质勘察业就业人数占现代服务业就业人数的比重也突破了 4% 的水平。

2013～2017 年，兵团科学研究、技术服务和地质勘察业就业人数由 10198 人增加到 10743 人，年均增幅约为 1%，远低于以往

表4-13 兵团科学研究、技术服务和地质勘察业就业情况

单位：人，%

年份	科学研究、技术服务和地质勘察业就业人数	科学研究、技术服务和地质勘察业就业人数占现代服务业就业人数比重
2003	4860	3.18
2004	4564	2.76
2005	5383	3.33
2006	5826	3.56
2007	5612	3.40
2008	6219	3.44
2009	6899	3.84
2010	6866	3.78
2011	7326	3.82
2012	8849	4.26
2013	10198	4.31
2014	11010	4.23
2015	12525	4.47
2016	11685	3.29
2017	10743	3.07

资料来源：《兵团统计年鉴》（2004～2018年）。

的年均增幅。与此同时，科学研究、技术服务和地质勘察业就业人数占现代服务业就业人数的比重也随之波动下降至3%的水平。

结合已研究的兵团现代服务业各行业的现状，可以看出，兵团科学研究、技术服务和地质勘察业就业发展较为平稳。

下文对比近年来同期新疆和全国的就业比率，如图4-14所示，总体而言，全国平均水平、新疆以及兵团都呈现出下降趋势，全国平均水平约为1.4个百分点，新疆围绕这一水平呈小幅度下降趋势。与此同时，兵团始终高于全国平均水平约2.5个百分点，其发展趋势在2015年出现波动上升后继续下降，与新疆及全国平均水

平的差距逐渐缩小至1.8个百分点。兵团科学研究、技术服务和地质勘察业吸纳劳动力的速度高于新疆及全国平均水平，说明兵团现代服务业发展势头良好。但结合人口基数来说，兵团科学研究、技术服务和地质勘察业就业比重高反映出了兵团现代服务业的发展水平不高，就业基数小，因而增长速度远高于全国平均水平。

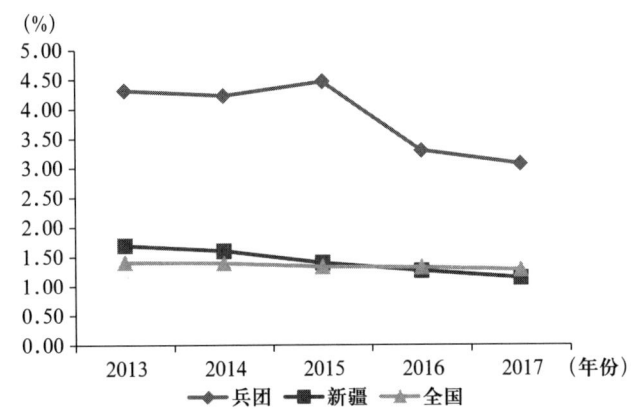

图4-14　兵团、新疆、全国科学研究、技术服务和地质勘察业就业率

资料来源：《兵团统计年鉴》（2014~2018年）、《新疆统计年鉴》（2014~2018年）、《中国统计年鉴》（2014~2018年）。

4.1.7　水利、环境和公共设施管理业

（1）产业增加值变化情况。

如表4-14所示，2003~2010年，兵团水利、环境和公共设施管理业增加值从24054万元增加到60241万元，增幅近1.5倍，平均每年增幅约为18.8%，对比同阶段其他现代服务业的发展，其高于科学研究、技术服务和地质勘察业和信息传输、计算机服务和软件业，可推断出水利、环境和公共设施管理业发展较好。水利、

环境和公共设施管理业对兵团现代服务业的贡献虽有所下降,但维持在3%以上。

表4-14 兵团水利、环境和公共设施管理业增加值情况

单位:万元,%

年份	水利、环境和公共设施管理业增加值	水利、环境和公共设施管理业增加值占现代服务业增加值比重
2003	24054	4.61
2004	25377	3.68
2005	25669	3.20
2006	27890	3.07
2007	30351	3.04
2008	39825	3.46
2009	46041	3.48
2010	60241	3.91
2011	67422	3.82
2012	57255	2.67
2013	74542	2.88
2014	80338	2.47
2015	101417	2.82
2016	115051	2.88
2017	124868	2.76

资料来源:《兵团统计年鉴》(2004~2018年)。

2010~2013年,水利、环境和公共设施管理业持续发展,水利、环境和公共设施管理业增加值从60241万元增加到74542万元,增幅近24%,平均每年增幅约为6%,增速放缓,其对现代服务业的推动作用也有所减弱,其贡献率波动将至2%的水平,发展速度减慢。

2013~2017年,水利、环境和公共设施管理业增加值从

74542万元增加到124868万元，增幅近67.5%，平均每年增幅约为13.5%，较上一阶段增速有所提升，其对现代服务业的贡献率也略有上升但未恢复到3%的水平。

总体而言，兵团水利、环境和公共设施管理业的发展较为稳定，但对现代服务业的贡献略有下降，说明其发展略显滞后，但其依然对现代服务业的发展起着重要作用。

对比近年来同期全国的发展水平，如图4-15所示，兵团水利、环境和公共设施管理业对兵团现代服务业的发展起着重要作用，其贡献值总体呈上升趋势，与全国平均水平发展趋势相悖的同时，远高于同期全国平均水平，且与全国平均水平的差距呈现出逐年加大的趋势。

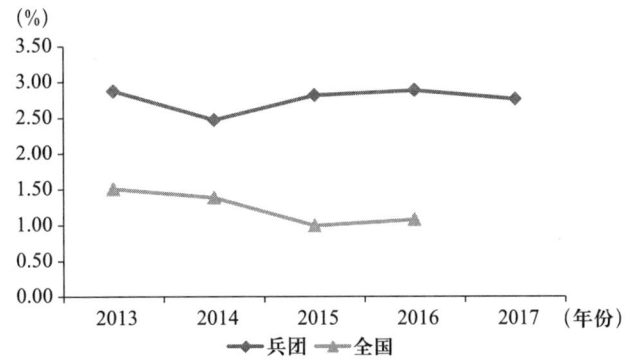

图4-15　兵团、全国水利、环境和公共设施管理业增加值

资料来源：《兵团统计年鉴》（2014～2018年）、《中国统计年鉴》（2014～2018年）。

（2）产业就业人数情况。

如表4-15所示，2003～2010年，兵团水利、环境和公共设施管理业就业人数由9211人减少至8648人，年均增幅约为-0.8%，说明该阶段该行业就业人数处于饱和状态。兵团水利、环境和公共设施管理业就业人数占现代服务业就业人数的比重维持在4%以上,说明其为兵团提供了较为充足的就业岗位,为现代服务业的发展发挥了重要作用。

表4-15 兵团水利、环境和公共设施管理业就业情况

单位:人,%

年份	水利、环境和公共设施管理业就业人数	水利、环境和公共设施管理业就业人数占现代服务业就业人数比重
2003	9211	6.02
2004	7895	4.78
2005	7419	4.59
2006	6944	4.24
2007	7081	4.28
2008	7124	3.94
2009	7515	4.19
2010	8648	4.76
2011	9043	4.72
2012	8554	4.12
2013	9891	4.18
2014	13017	5.00
2015	14161	5.05
2016	14485	4.08
2017	15057	4.30

资料来源:《兵团统计年鉴》(2004~2018年)。

2010~2013年,兵团水利、环境和公共设施管理业就业人数由8648人增加到9891人,年均增幅约为3.6%,高于同阶段金融行业增速。与此同时,水利、环境和公共设施管理业就业人数占现代服务业就业人数的比重也依旧维持在4%的水平。

2013~2017年,兵团水利、环境和公共设施管理业就业人数由9891人增加到15057人,年均增幅约为10.5%,高于除金融行

业外的其他现代服务行业增速,其就业人数占现代服务业就业人数的比重虽有波动但维持在原有比重。

总体而言,相比于其他现代服务业,兵团水利、环境和公共设施管理业在兵团的发展更为稳定,其占现代服务业就业人数的比重虽有波动但并未出现大幅度上升或下降,吸纳劳动力的能力较为稳定。

对比近年来同期新疆和全国的就业比率。如图4-16所示,全国平均水平及新疆呈现出小幅下降趋势,但其值稳定在1%左右,且兵团始终高于全国平均水平约3个百分点,其发展趋势在2016年出现波动下降后继续上升,呈现出与新疆及全国平均水平的差距逐渐扩大的趋势。兵团水利、环境和公共设施管理业吸纳劳动力的速度远高于新疆及全国平均水平,说明兵团现代服务业发展势头良好。但结合人口基数来说,兵团水利、环境和公共设施管理业就业比重高反映出兵团现代服务业的发展水平不高,就业基数小,因而增长速度远高于全国平均水平。

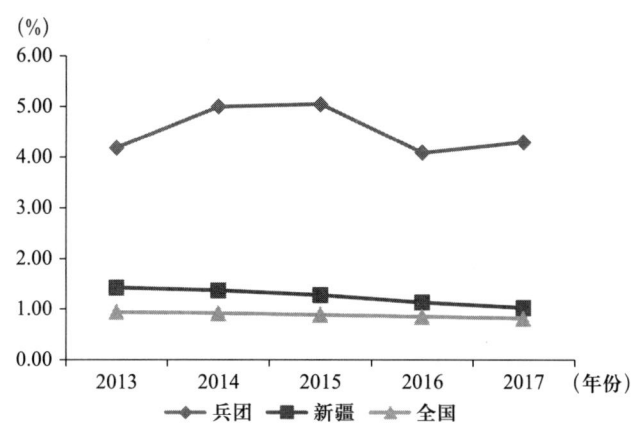

图4-16 兵团、新疆、全国水利、环境和公共设施管理业就业率

资料来源:《兵团统计年鉴》(2014~2018年)、《新疆统计年鉴》(2014~2018年)、《中国统计年鉴》(2014~2018年)。

4.1.8 教育业

(1) 产业增加值变化情况。

如表4-16所示,2003~2010年,兵团教育行业增加值从94487万元增加到253231万元,增幅近1.7倍,平均每年增幅约为21%,对比同期其他现代服务业增幅,可推断出教育行业发展势头良好,处于发展初期,动力强劲,因而在兵团现代服务业发展中发挥着重要作用,教育行业对兵团现代服务业的贡献略有波动,但贡献率平均值约占15%以上。

表4-16 兵团教育行业增加值情况

单位:万元,%

年份	教育行业增加值	教育行业增加值占现代服务业增加值比重
2003	94487	18.11
2004	108232	15.68
2005	114514	14.29
2006	131086	14.41
2007	158749	15.88
2008	178146	15.50
2009	207098	15.67
2010	253231	16.43
2011	295304	16.74
2012	354231	16.53
2013	403053	15.55
2014	434537	13.37
2015	547502	15.21
2016	594410	14.90
2017	624647	13.82

资料来源:《兵团统计年鉴》(2004~2018年)。

2010～2013年，教育行业持续发展，教育行业增加值从253231万元增加到403053万元，增幅近59%，平均每年增幅约为15%，增速略微放缓，但其贡献率维持在15%以上，对现代服务业的推动作用依然强劲。

2013～2017年，教育行业增加值从403053万元增加到624647万元，增幅近55%，平均每年增幅约为11%，较上一阶段增速有所放缓，因此，教育行业对现代服务业的贡献率呈小幅度波动下降趋势，跌破15%的水平。

总体而言，对比兵团其他现代服务业的发展，教育行业增加值对现代服务业发展的推动作用仅次于金融业和房地产业，在现代服务业的发展中起着不可或缺的作用。

对比近年来同期全国的发展水平，如图4-17所示，2014年以前，兵团和全国平均水平呈现相悖的发展趋势，2014年后，兵团发展趋势跟随全国平均水平发展动向，全国平均水平及兵团呈现出较为稳定的波动状态，全国平均水平围绕7%上下波动，兵团围绕14%波动，说明全国及兵团教育行业发展都较为稳定，且兵团教育行业发展与全国教育行业平均发展状态一致。

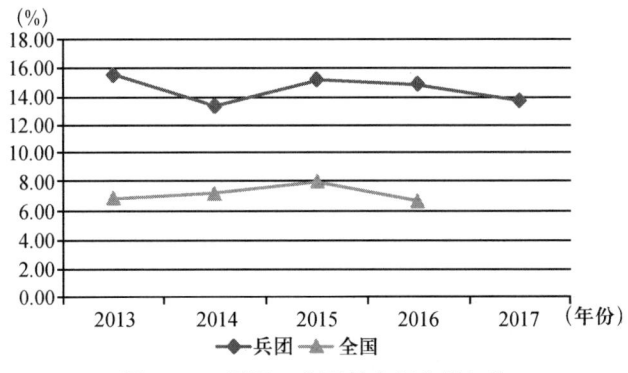

图4-17 兵团、全国教育行业增加值

资料来源：《兵团统计年鉴》（2014～2018年）、《中国统计年鉴》（2014～2017年）。

（2）产业就业人数情况。

从表4-17可以看出，2003~2010年，兵团教育行业就业人数由42174人增加到43820人，年均增幅约为0.5%，低于同阶段其他现代服务业增幅。同时，教育行业就业人数占现代服务业就业人数的比重总体呈下降趋势但维持在约25%的较高水平。

表4-17　兵团教育业就业情况

单位：人，%

年份	教育业就业人数	教育业就业人数占现代服务业就业人数比重
2003	42174	27.57
2004	41971	25.42
2005	44024	27.22
2006	45344	27.69
2007	44646	27.01
2008	46409	25.69
2009	44536	24.82
2010	43820	24.12
2011	43609	22.74
2012	44406	21.39
2013	45775	19.37
2014	45777	17.58
2015	45779	16.33
2016	45901	12.94
2017	45740	13.06

资料来源：《兵团统计年鉴》（2004~2018年）。

2010~2013年，兵团教育行业就业人数由43820人增加到45775人，年均增幅约为1%，年均增幅约为2.5%，仍低于同阶段除金融业外的其他现代服务业增幅。与此同时，教育行业就业人数占现代服务业就业人数的比重持续下降，跌破20%的水平。

2013～2017年，兵团教育行业就业人数由45775人增加到45740人，年均增幅约为-0.2个百分点，低于同阶段其他现代服务业增幅。与此同时，教育行业就业人数占现代服务业就业人数的比重随之持续下降，跌至13%的水平。

总体而言，从近十几年教育行业的发展来看，教育业就业人数增长缓慢，其提供就业机会的能力也在不断降低，教育业在兵团现代服务业发展进程中的动力在减弱。

下文对比近年来同期新疆和全国的就业比率，如图4-18所示，总体而言，全国平均水平、新疆以及兵团都呈现出下降趋势，全国平均水平约为5个百分点，新疆呈下降趋势不断缩小着与全国平均水平不足4%的差距，兵团也呈现出一致的下降趋势，与全国平均水平的差距由约8%增长到14%。兵团教育业吸纳劳动力的速度远高于新疆及全国平均水平，说明兵团现代服务业发展势头良好。但结合人口基数来说，兵团教育业就业比重高反映出兵团现代服务业的发展水平不高，就业基数小，因而增长速度远高于全国平均水平。

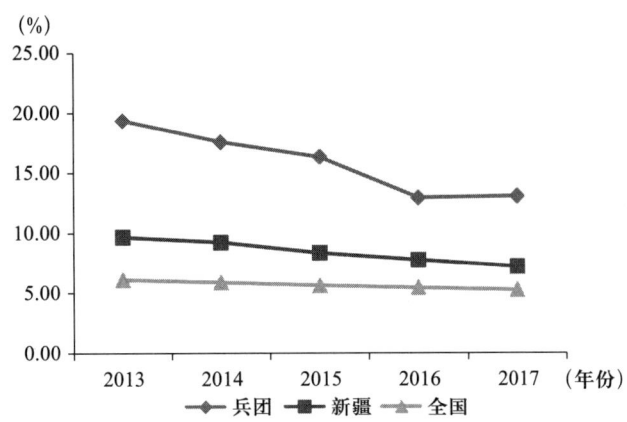

图4-18 兵团、新疆、全国教育业就业率

资料来源：《兵团统计年鉴》(2014～2018年)、《新疆统计年鉴》(2014～2018年)、《中国统计年鉴》(2014～2018年)。

4.1.9 卫生、社会保障和社会福利业

（1）产业增加值变化情况。

如表4-18所示，2003～2010年，兵团卫生、社会保障和社会福利业增加值从63212万元增加到159076万元，增幅近1.5倍，平均每年增幅约为19%，对比同期现代服务业其他行业增幅，可推断出卫生、社会保障和社会福利业发展势头良好，因而在兵团现代服务业发展中发挥着重要作用，卫生、社会保障和社会福利业对兵团现代服务业的贡献稳定在10%左右。

表4-18 兵团卫生、社会保障和社会福利业增加值情况

单位：万元，%

年份	卫生、社会保障和社会福利业增加值	卫生、社会保障和社会福利业增加值占现代服务业增加值比重
2003	63212	12.12
2004	70849	10.26
2005	75737	9.45
2006	87546	9.63
2007	100225	10.02
2008	121514	10.57
2009	139637	10.57
2010	159076	10.32
2011	208900	11.85
2012	281893	13.15
2013	309104	11.92
2014	358669	11.04
2015	363272	10.09
2016	424089	10.63
2017	475719	10.52

资料来源：《兵团统计年鉴》（2004～2018年）。

2010～2013年，卫生、社会保障和社会福利业持续发展，卫生、社会保障和社会福利业增加值从159076万元增加到309104万元，增幅近94%，平均每年增幅约为23.6%，增速有所增加，其对现代服务业的推动作用也有所提升。

2013～2017年，卫生、社会保障和社会福利业增加值从309104万元增加到475719万元，增幅近54%，平均每年增幅约为10.8%，较上一阶段增速有所减缓，其对现代服务业的贡献率呈小幅度减弱趋势，但仍维持在10%的水平。

总体而言，兵团卫生、社会保障和社会福利业的发展较为稳定，对现代服务业的发展贡献率并未出现大幅度的上升或下降趋势，因此可以大致推断，兵团卫生、社会保障和社会福利业的发展稳定向好。

对比近年来同期全国的发展水平，如图4-19所示，全国平均水平整体呈现较为稳定的状态，维持在6%的水平，2015年前，兵团呈现大幅下降趋势，缩小着与全国平均水平的差距，2015年后，兵团又呈现小幅度上升趋势，拉开了和全国平均水平的差距，整体而言，全国平均水平及兵团呈现出较为稳定的波动状态，说明兵团

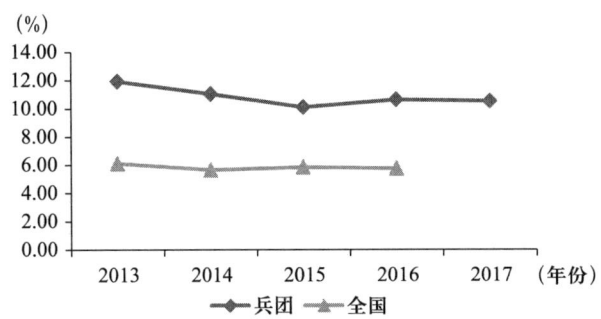

图4-19 兵团、全国卫生、社会保障和社会福利业增加值

资料来源：《兵团统计年鉴》（2014～2018年）、《中国统计年鉴》（2014～2017年）。

的卫生、社会保障和社会福利业处于发展初期,因而发展效果远高于全国平均水平,较为稳定的发展趋势说明兵团其发展稳步向好。

(2)产业就业人数情况。

如表4-19所示,2003～2010年,兵团卫生、社会保障和社会福利业就业人数由25307人增加到27203人,年均增幅约为1%,仅略高于同阶段水利、环境和公共设施管理业和教育业的增速。因而,卫生、社会保障和社会福利业就业人数占现代服务业就业人数的比重总体略有下降但维持在15%的较高水平。

表4-19 兵团卫生、社会保障和社会福利业就业情况

单位:人,%

年份	卫生、社会保障和社会福利业就业人数	卫生、社会保障和社会福利业就业人数占现代服务业就业人数比重
2003	25307	16.55
2004	24656	14.94
2005	26075	16.12
2006	26453	16.16
2007	26367	15.95
2008	27212	15.07
2009	27115	15.11
2010	27203	14.97
2011	29246	15.25
2012	29842	14.38
2013	31743	13.43
2014	33356	12.81
2015	33858	12.07
2016	34243	9.66
2017	35287	10.07

资料来源:《兵团统计年鉴》(2004～2018年)。

2010～2013年，兵团卫生、社会保障和社会福利业就业人数保持着较快的增长，就业人数由27203人增加到31743人，年均增幅约为4.2%，增速较低。与此同时，卫生、社会保障和社会福利业就业人数占现代服务业就业人数的比重围绕15%波动。

2013～2017年，兵团卫生、社会保障和社会福利业就业人数由31743人增加到35287人，年均增幅约为2.2%，因而，卫生、社会保障和社会福利业就业人数占现代服务业就业人数的比重持续下降，降至10%的水平。

总体而言，兵团卫生、社会保障和社会福利业在兵团的发展与教育业的发展轨迹趋同，就业人数增长缓慢，其提供就业机会的能力也在不断降低，卫生、社会保障和社会福利业在兵团现代服务业发展进程中的动力在减弱。

对比近年来同期新疆和全国的就业比率。如图4-20所示，全国平均水平及新疆呈现出小幅下降趋势，全国平均水平值稳定在3%左右，新疆逐渐趋近于这个水平。与此同时，2013年兵团比重高于全国平均水平约10个百分点，其差距随着兵团经济的发展在不断降低，截至2017年，兵团仍高于全国平均水平约7个百分点。兵团卫生、社会保障和社会福利业吸纳劳动力的速度远高于新疆及全国平均水平，说明兵团现代服务业发展势头良好。但结合人口基数来说，兵团卫生、社会保障和社会福利业就业比重高也反映出兵团现代服务业的发展水平不高，就业基数小，因而增长速度远高于全国平均水平。

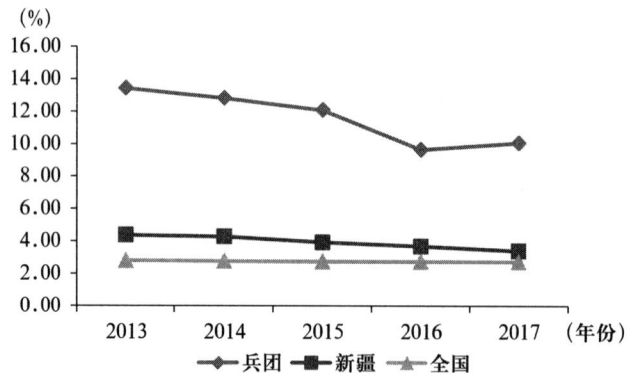

图 4-20 兵团、新疆、全国卫生、社会保障和社会福利业就业率

资料来源：《兵团统计年鉴》（2014~2018年）、《新疆统计年鉴》（2014~2018年）、《中国统计年鉴》（2014~2018年）。

4.1.10 文化、体育与娱乐业

（1）产业增加值变化。

如表4-20所示，2003~2010年，兵团文化、体育与娱乐业增加值从8691万元增加到23337万元，增幅近1.7倍，平均每年增幅约为21%，其增速仅次于同阶段金融业及租赁和商务服务业，可推断出兵团文化、体育与娱乐业发展势头良好，因而在兵团现代服务业发展中发挥着重要作用。文化、体育与娱乐业对兵团现代服务业的贡献较小且略有波动，约为1.4%的水平。

2010~2013年，文化、体育与娱乐业持续发展，文化、体育与娱乐业增加值从23337万元增加到59943万元，增幅近1.6倍，平均每年增幅约为39%，增速略有提升，其对现代服务业的推动作用也有所增加，其贡献率突破2%。

2013~2017年，文化、体育与娱乐业增加值从59943万元增加到 120163 万元，增幅近 1 倍，平均每年增幅约为 20%，较上一阶段增速略有放缓，但文化、体育与娱乐业对现代服务业的贡献率依然呈小幅度波动上升趋势，目前达 2.66%。

总体而言，文化、体育与娱乐业的增速较快，发展势头良好，但对比其他现代服务业而言还略显不足，因而对现代服务业的贡献较小。

表 4-20　兵团文化、体育与娱乐业增加值情况

单位：万元，%

年份	文化、体育与娱乐业增加值	文化、体育与娱乐业增加值占现代服务业增加值比重
2003	8691	1.67
2004	9160	1.33
2005	11207	1.40
2006	11400	1.25
2007	12496	1.25
2008	15714	1.37
2009	19735	1.49
2010	23337	1.51
2011	31278	1.77
2012	37843	1.77
2013	59943	2.31
2014	64482	1.98
2015	79160	2.20
2016	98002	2.46
2017	120163	2.66

资料来源：《兵团统计年鉴》（2004~2018 年）。

对比近年来同期全国的发展水平，如图 4-21 所示，可以看出，2014 年之前，兵团发展趋势和全国平均水平呈现增加的相悖趋势，并高于全国平均水平约 0.6 个百分点，2014~2015 年，兵团和全

国平均水平呈现一致的上涨趋势，兵团与全国平均水平差距减少至 0.5 个百分点，2015 年后，又出现相悖的发展趋势，兵团继续呈上升趋势，与下降趋势的全国平均水平的差距再次拉大。总体而言，兵团文化、体育与娱乐业对兵团现代服务业的贡献值呈上升趋势说明其对兵团现代服务业发展起着越来越重要的作用。与全国平均水平的拉大说明兵团处于发展初期阶段，因而发展效果显著。

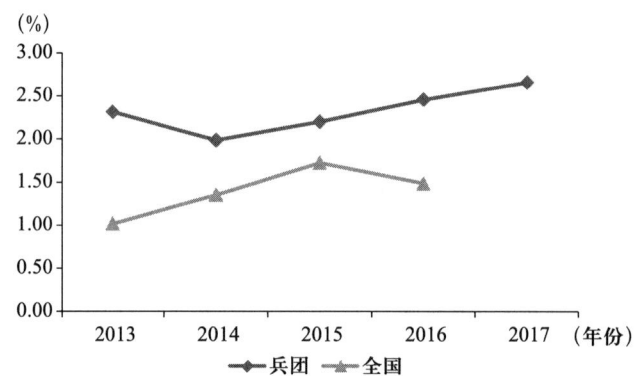

图 4-21　兵团、全国文化、体育与娱乐业增加值

资料来源：《兵团统计年鉴》（2014～2018 年）、《中国统计年鉴》（2014～2017 年）。

（2）产业就业人数情况。

如表 4-21 所示，2003～2010 年，兵团文化、体育与娱乐业就业人数由 2550 人增加到 5400 人，年均增幅约为 14%，同时，文化、体育与娱乐业就业人数占现代服务业就业人数的比重总体呈上升趋势，但是，其贡献值接近 3% 的水平。

2010～2013 年，兵团文化、体育与娱乐业就业人数保持着较快的增长，就业人数由 5400 人增加到 9002 人，年均增幅约为 16.7%，仅低于同阶段房地产行业增速。与此同时，文化、体育与娱乐业就业人数占现代服务业就业人数的比重也随之上升，其贡献值接近4%的水平。

2013~2017年，兵团文化、体育与娱乐业就业人数由9002人增加到13407人，年均增幅约为9.8%，仅低于同阶段金融行业和水利、环境和公共设施管理业的增速，其占现代服务业就业人数的比重波动下降，但维持在3.8%的水平。

总体而言，兵团文化、体育与娱乐业的增速较好，但对比其他行业在现代服务业的贡献则略显不足，在近十年的发展进程中，虽对现代服务业的贡献总体呈现上升趋势，但从总量来看，其贡献率仍较低。

表4-21 兵团文化、体育与娱乐业就业情况

单位：人，%

年份	文化、体育与娱乐业就业人数	文化、体育与娱乐业就业人数占现代服务业就业人数比重
2003	2550	1.67
2004	3713	2.25
2005	3855	2.38
2006	3854	2.35
2007	4329	2.62
2008	5073	2.81
2009	5168	2.88
2010	5400	2.97
2011	5665	2.95
2012	6883	3.32
2013	9002	3.81
2014	10745	4.13
2015	10663	3.80
2016	11857	3.34
2017	13407	3.83

资料来源：《兵团统计年鉴》（2004~2018年）。

对比近年来同期新疆和全国的就业比率。如图 4-22 所示，全国平均水平及新疆呈现出小幅下降趋势，全国平均水平值稳定在 0.5% 左右，新疆逐渐趋近于这个水平。与此同时，兵团比重高于全国平均水平约 3 个百分点，并围绕 3.75% 呈较大幅度的波动状态。兵团文化、体育与娱乐业吸纳劳动力的速度远高于新疆及全国平均水平，说明兵团现代服务业发展势头良好。但结合人口基数来说，兵团文化、体育与娱乐业就业比重高也反映出兵团现代服务业的发展水平不高，就业基数小，因而增长速度远高于全国平均水平。

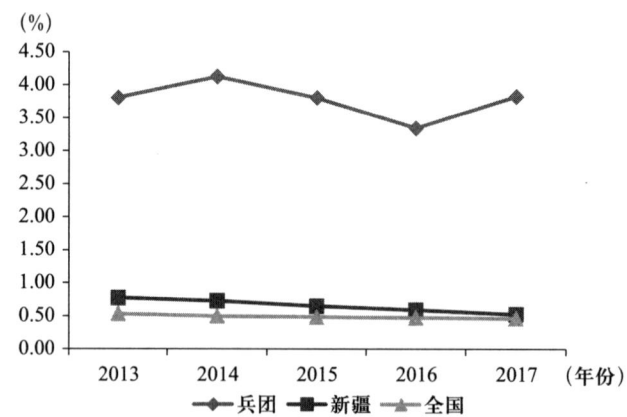

图 4-22　兵团、新疆、全国文化、体育与娱乐业就业率

资料来源：《兵团统计年鉴》(2014～2018 年)、《新疆统计年鉴》(2014～2018 年)、《中国统计年鉴》(2014～2018 年)。

4.2　兵团城镇功能提升现状

根据前文的定义，本章对兵团城镇功能提升现状的描述将从兵团宜居功能、集约辐射功能、环境功能、科技创新功能现状四个方面展开。根据数据的可得性,兵团宜居功能从在岗职工平均工资、病床数、广播人口覆盖率、电视人口覆盖率、自来水用水普及率以及燃气普及率等指标进行描述;兵团集约辐射功能从全社会固定资产投资、二三产业产值占GDP比重、社会消费品零售总额、交通运输仓储和邮政业总产值及批发和零售业总产值等方面进行描述;兵团环境功能从城镇化率、城市污水处理率及城市生活垃圾无害化处理率等指标描述;兵团城镇科技创新功能则从专利授权量、科技活动人员数、科技活动经费内部支出额及普通高等学校在校学生数等方面描述。

4.2.1 宜居功能现状

"十三五"期间兵团城镇宜居功能、文化休闲功能、社区便民服务功能得到了较大的提升,基础性建设不断完善,这与在岗人员平均工资、公共设施覆盖率都息息相关,本部分从在岗人员平均工资、公共设施覆盖现状开展。

(1) 在岗职工平均工资。

如表4-22所示,自2003年以来,兵团职工人数不断上涨,在岗职工工资总额不断增加,其中,2017年非私营单位在岗职工工资总额为4929400万元,比上年增长6.6%。非私营单位在岗职工平均工资58455元,比2016年增加2110元,增长3.7%。截至2017年,兵团在岗职工平均工资为66409元,比2003年增加56133元,增长率为546%,兵团的在岗职工平均工资有了大幅度增长,同时可以看出,近年来在岗职工平均工资上升的幅度较小,近三年基本保持在 65000 元左右。

表 4-22 兵团在岗职工工资

年份	职工人数（人）	在岗职工工资总额（万元）	在岗职工平均工资（元）
2003	684073	702984	10276.44
2004	669986	728785	10877.61
2005	665360	772908	11616.38
2006	662285	866335	13080.99
2007	660630	994314	15050.99
2008	673220	1386606	20596.62
2009	671985	1574974	23437.63
2010	677570	1983365	29271.73
2011	681585	2301737	33770.35
2012	687887	2866979	41678.05
2013	711135	3583507	50391.37
2014	716373	4145392	57866.39
2015	716893	4677965	65253.32
2016	705325	4625477	65579.37
2017	743173	4935377	66409.53

资料来源：《兵团统计年鉴》（2004～2018 年）。

和新疆、全国在岗职工平均工资相比较，2017 年新疆、全国在岗职工平均工资分别为 68641 元、74318 元，高于兵团在岗职工平均工资。如图 4-23 所示，2013～2015 年，兵团在岗职工平均工资增长速度高于新疆、全国在岗职工平均工资，而 2016～2017 年则相反。

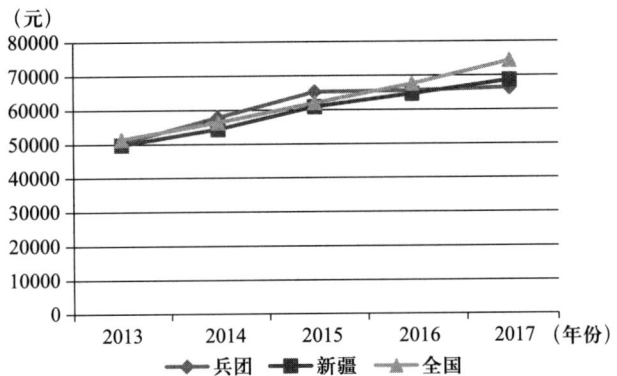

图 4-23 兵团、新疆、全国在岗职工平均工资

资料来源：《兵团统计年鉴》(2014～2018 年)、《新疆统计年鉴》(2014～2018 年)、《中国统计年鉴》(2014～2018 年)。

（2）公共设施覆盖现状。

随着城镇的迅速发展，兵团城镇市政公用设施规模逐步扩大和提升，促进了兵团城镇市政公用事业建设与发展。如表 4-23 所示，自 2003 年以来，公共设施覆盖率比重逐渐优化。病床覆盖率、广播人口覆盖率、电视人口覆盖率不断上升，截至 2017 年，兵团的病床覆盖率为 0.74%，广播人口覆盖率为 97.7%，电视人口覆盖率为 98.4%。同时可以看出，近年来病床覆盖率虽然有上涨趋势，但上涨速度较慢，上升幅度也较小，覆盖率仍然较低。广播人口覆盖率与电视人口覆盖率较高，其中电视人口覆盖率更是由 2003 年的 94.1% 上涨至 98.4%，上涨 4.3 个百分点。

表 4-23 兵团公共设施覆盖率

单位：%

年份	病床覆盖率	广播人口覆盖率	电视人口覆盖率
2003	0.64	90.30	94.10
2004	0.64	90.80	94.60

续表

年份	病床覆盖率	广播人口覆盖率	电视人口覆盖率
2005	0.64	92.30	96.10
2006	0.64	92.60	96.40
2007	0.66	93.10	96.90
2008	0.66	94.00	97.40
2009	0.68	95.00	97.90
2010	0.71	96.00	98.20
2011	0.71	96.50	98.50
2012	0.76	97.00	98.80
2013	0.76	97.00	98.80
2014	0.75	98.00	99.40
2015	0.77	98.50	99.50
2016	0.75	98.70	99.60
2017	0.74	97.70	98.40

资料来源：《兵团统计年鉴》（2004～2018年）。

在国家大力支持下，兵团市政公用设施业投资快速增长，兵团在市政公用建设领域初步实现了投资主体由单一到多元、资金渠道由封闭到开放的转变，市政公用设施数量大幅提高，设施全面支撑了城镇化发展。"十三五"期间，兵团累计投入各级各类资金217.62亿元用于城镇市政公用事业建设，是"十二五"期间投资的6.89倍，其中，供水系统投资27.75亿元，燃气系统投资20.03亿元，供热系统投资31.82亿元，从设施水平总体情况来看，兵团城镇安全饮水普及率、集中供热普及率、燃气普及率、污水处理率分别从2000年的42%、51%、30%、33%，增长到2017年的98.9%、88.6%、100%、71.9%。城镇市政公用设施功能不断健全完善，有效地改善了城镇居民的生产生活条件，增强了城镇的产业和人口聚集功能，改善了兵团的投资发展环境，为兵团城镇进一步发展和经济转型奠定了基础。

兵团、新疆、全国用水普及率、燃气普及率如图4-24与图

4-25 所示。由图 4-24 可以看出,兵团用水普及率不断上涨,由 2013 年的 97.6% 上涨至 2017 年的 100.0%,实现了用水覆盖全员。和全国水平相比,兵团用水普及率较高,高于全国 98.3% 的平均水平。新疆用水普及率与新疆平均水平差距不大,都略高于全国平均水平。由图 4-25 可知,2013 ~ 2017 年,兵团燃气普及率有大幅度的上涨,由 77.3% 上涨至 100.0%,上涨幅度高达 22.7%,基本实现了燃气全覆盖。

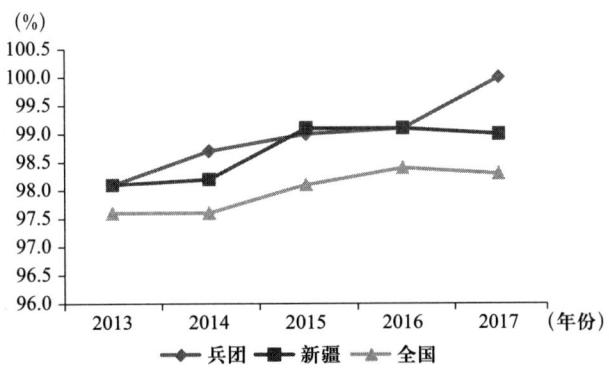

图 4-24　兵团、新疆、全国用水普及率

资料来源:《兵团统计年鉴》(2014 ~ 2018 年)、《新疆统计年鉴》(2014 ~ 2018 年)、《中国统计年鉴》(2014 ~ 2018 年)。

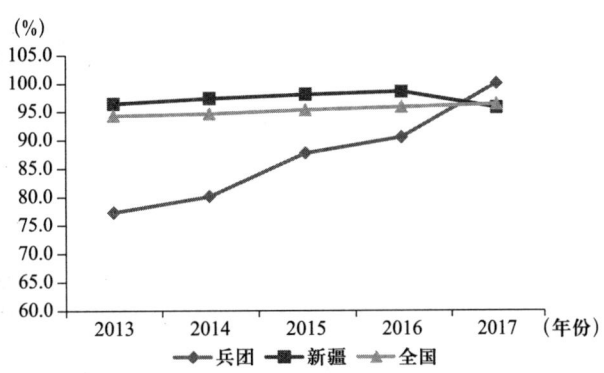

图 4-25　兵团、新疆、全国燃气普及率

资料来源:《兵团统计年鉴》(2014 ~ 2018 年)、《新疆统计年鉴》(2014 ~ 2018 年)、《中国统计年鉴》(2014 ~ 2018 年)。

4.2.2 集约辐射功能现状

自21世纪以来，兵团组织程度、集约经营能力得到了大幅度的提升，兵团产业结构、人均消费状况、财政收支的提升便于兵团整合各类资源，实行大企业战略，使兵团各类产业的集约和辐射功能得到较好的释放。本部分从产业结构、人均消费现状、财政收支三个方面展开。

（1）产业结构现状。

1978年后，兵团经济增长明显，根据《兵团统计年鉴》可知，2017年兵团生产总值达23390728万元，比2003年（GDP为2577755万元）增加20812793万元，短短14年GDP总量增长量约为2003年GDP总量的8倍。到2017年，兵团GDP总量较2016年的21343307万元，增加率为10.3%，高于同期全国GDP增长率6.7%。同全国平均水平相比较，兵团经济增长的总体状况良好，并将长期保持稳步增长的势头。就产业结构来看，2017年第一产业、第二产业和第三产业产值分别为5063290万元、10265002万元和8062416万元，较上年分别增长384551万元、609243万元和1053627万元，第三产业的增速最快，达15%。从表4-24中可以清楚地看到，自"十三五"规划开始，兵团的产业结构呈现出"二、三、一"的发展格局，第一产业所占比重明显下滑，第三产业增速较快，这表明目前兵团经济增长的主要推动力是工业，同时，服务业对新疆经济增长的促进作用越来越明显，而第一产业对经济的影响渐消。

第4章 兵团现代服务业发展促进城镇功能提升现状

表4-24 兵团产业结构

单位：%

年份	第一产业产值占GDP比重	第二产业产值占GDP比重	第三产业产值占GDP比重	批发和零售业占GDP比重	交通运输仓储和邮政业占GDP比重
2003	42.3	24.8	32.9	6.8	3.9
2004	39.9	24.5	35.6	6.4	3.5
2005	39.4	25.2	35.4	5.9	3.5
2006	37.8	26.4	35.8	6.3	3.6
2007	36.8	28.9	34.3	6.3	3.6
2008	34.9	31.7	33.4	6.3	3.3
2009	33.5	33.8	32.7	6.1	3.2
2010	36.2	34.0	29.8	5.1	3.0
2011	33.5	38.1	28.4	5.0	3.2
2012	32.4	39.7	27.9	4.9	3.3
2013	29.0	41.8	29.2	7.2	3.2
2014	24.0	44.7	31.3	7.7	3.4
2015	22.1	45.7	32.2	8.2	3.7
2016	21.9	45.2	32.8	8.2	4.1
2017	21.6	43.9	34.5	8.6	4.5

资料来源：《兵团统计年鉴》（2004~2018年）。

自2000年以来，兵团产业结构变化经历了两个阶段：

第一阶段：2012年以前，该阶段三次产业中第三产业经历了产值占GDP比重先增加后减少的阶段，其对兵团经济的贡献逐渐大于第二产业的贡献。该阶段兵团产业结构的总体形式为"一、三、二"的格局，第三产业产值比重虽然高于第二产业所占比重，但由于此时兵团GDP总量偏小，并且接近40%的劳动力仍然从事农业生产。2011年和2012年第一产业产值所占比重持续下降而第二产业所占比重持续上升，产业结构转变为"二、一、三"的格局。

第二阶段：2013年至今，第三产业占GDP比重超过了第一产业，兵团产业结构呈现出"二、三、一"的产业分布。在这一阶段，第二产业发展稳定，第三产业的占据较大比重，而第一产业产值所占比重下降明显。

如图4-26所示，兵团第二产业占GDP比重2013~2015年呈缓慢上升趋势，2016~2017年呈缓慢下降趋势。而新疆第二产业2013~2017年占GDP比重虽有短暂起伏，但总体呈下降趋势，这与中国第二产业2013~2017年占GDP比重缓慢下降趋势相符。以上可得，兵团2013~2015年第二产业的发展趋势与新疆、中国的发展趋势相反，在2017年发展趋势相同。由表4-24可知，2013~2015年第二产业对经济增长拉动明显，增长率高于生产总值增长，第二产业仍是拉动经济增长的主动力。但在2017年兵团第二产业下降，这说明兵团第二产业发展状况与全国第二产业发展状况趋近，产业结构得到优化。

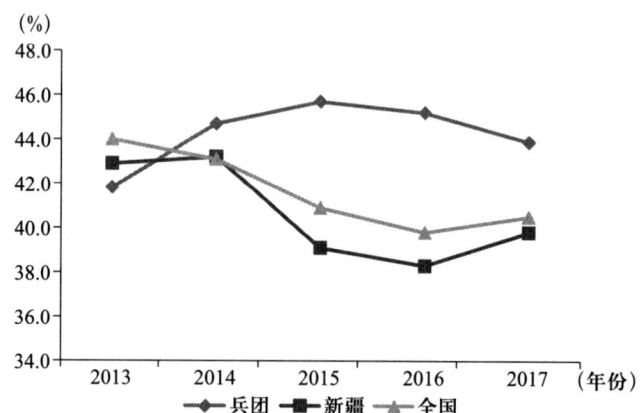

图4-26　兵团、新疆、全国第二产业产值占GDP比重

资料来源：《兵团统计年鉴》（2014~2018年）、《新疆统计年鉴》（2014~2018年）、《中国统计年鉴》（2014~2018年）。

2017年第三产业增加值与2013年相比增加了4000883万元，占三次产业比重上升了5.3个百分点；2017年第三产业对经济增长的贡献率达到52.7%，比2013年增加了27.4个百分点。随着第三产业占GDP比重不断增加，第三产业已成为与第二产业一起推动经济发展的中坚力量。由图4-27可知，2013～2017年兵团第三产业占CDP比重呈上升趋势，但仍低于新疆与中国的发展水平。新疆与中国的第三产业明显呈上升趋势，且对经济增长的拉动起重要作用。相比，兵团的第三产业发展较为缓慢，未来还有很长的发展历程。

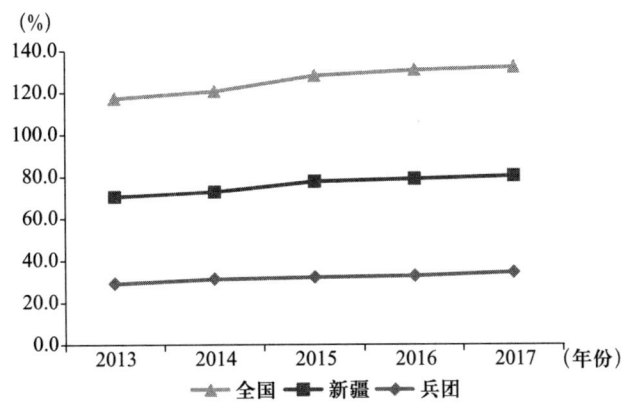

图4-27 兵团、新疆、全国第三产业产值占GDP比重

资料来源：《兵团统计年鉴》(2014～2018年)、《新疆统计年鉴》(2014～2018年)、《中国统计年鉴》(2014～2018年)。

由统计数据可知，2013年全国的产业结构首次转变为"三、二、一"的良好发展格局，将2013年兵团产业结构状况和全国产业结构状况进行对比，2013年兵团第一产业的比重低于全国第一产业比重0.69个百分点，第二产业比重略高于全国平均水平，但第三产业比重高于全国第三产业平均水平0.61个百分点，这表明由于兵团经济发展较好，其结构呈现出与全国平均水平基本一致，第一产业占比较小，第三产业发展迅速，与全国平均水平差距较小，符合现代经济结构基本态势。相比 2013 年，2017 年兵团三年来三次产业结构并未继续优化：2017 年兵团第一产业的比重高于全国第一产业比重 13.7 个百分点，第三产业比重低于全国第三产业平均水平 17.1 个百分点，第二产业比重高于全国第二产业比重 3.4 个百分点，这表明由于兵团经济发展已落后于其他地区，其结构虽然保持了"二、三、一"的现代产业结构模式，但对该地区 GDP 的贡献不足，第一产业占比较大，第三产业发展迟缓，与全国平均水平差距较大，与现代经济结构也有较大的差距。

2017 年实现工业增加值 601847 万元，比上年增长 9%，由图 4-28 可知，"十二五"时期年均增长 24.9%，比"十一五"年均增速提高了 3 个百分点，工业增加值占兵团生产总值比重达到 30.2%，比 2013 年提高 6 个百分点。工业对经济增长的贡献率为 44.3%，拉动经济增长 5.5 个百分点。2017 年，兵团工业"稳增长调结构增效益促改革"工作取得良好发展，实现工业增加值 227.45 亿元，较 2016 年增长 11.1%；规模以上工业企业实现利润 218.78 亿元，较 2016 年增长 8.2%。其中重工业占比 62.2%，较 2016 年减少 1.5%；轻工业占比 37.8%，较 2015 年增加 1.5%。2013～2017 年兵团工业占 GDP 的比重不断增加，低于新疆与全国的发展水平。2017 年兵团工业增加值占 GDP 的比重同比增长 1.04%，增幅比全国少 1%，比新疆少 2.7%。可见，兵团工业经济趋缓态势明显，这证明兵团供给侧结构性改革扎实推进，发展效益得到改善。

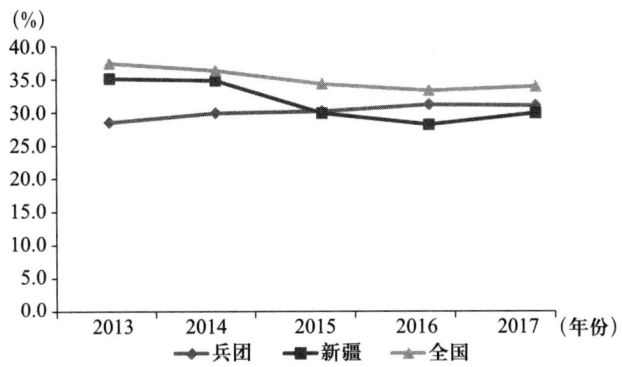

图 4-28 兵团、新疆、全国工业占 GDP 比重

资料来源：《兵团统计年鉴》(2014～2018 年)、《新疆统计年鉴》(2014～2018 年)、《中国统计年鉴》(2014～2018 年)。

2017 年兵团批发零售业商品销售总额 2019781 万元，比上年增长 21.2%。全年社会消费品零售总额 7083724 万元，比上年增长 25.9%，扣除价格因素，实际增长 18.6%。按行业分，批发和零售业零售额 466000 万元，增长 23.5%；住宿和餐饮业零售额 1.2 亿元，增长 93.3%。由图 4-29 可知，2013～2017 年，兵团批发和零

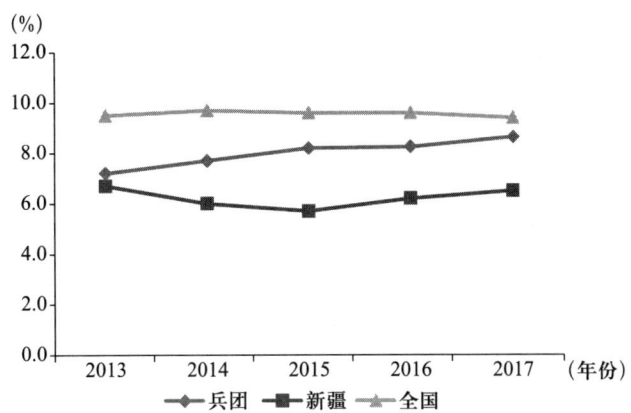

图 4-29 兵团、新疆、全国批发和零售业占 GDP 比重

资料来源：《兵团统计年鉴》(2014～2018 年)、《新疆统计年鉴》(2014～2018 年)、《中国统计年鉴》(2014～2018 年)。

售业占 GDP 比重不断上升，低于中国批发和零售业占 GDP 比重，高于新疆批发和零售业占 GDP 比重。

2017 年兵团全年交通运输仓储和邮政业增加值 126.25 亿元，较 2016 年增长 19.4%；全年货物运输总量 7.56 亿吨，比上年增长 12.0%。货物运输周转量 1001.56 亿吨千米，增长 17.1%。旅客运输总量 2.48 亿人，增长 4.9%。由图 4-30 可知，兵团交通运输仓储和邮政业占 GDP 比重不断上升，但仍低于中国交通运输仓储和邮政业占 GDP 比重，接近于新疆交通运输仓储和邮政业占 GDP 比重。

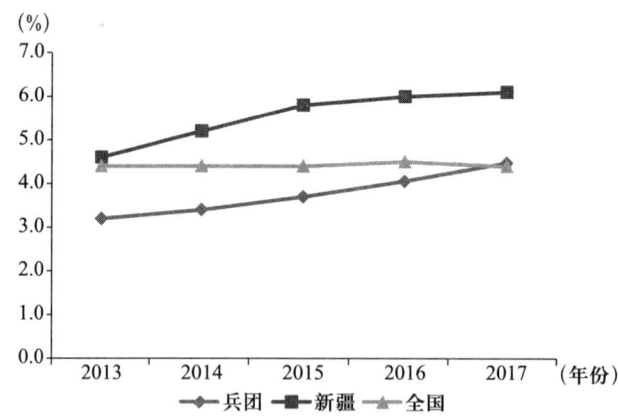

图 4-30　兵团、新疆、全国交通运输仓储和邮政业占 GDP 比重

资料来源：《兵团统计年鉴》（2014～2018 年）、《新疆统计年鉴》（2014～2018 年）、《中国统计年鉴》（2014～2018 年）。

（2）人均消费现状。

兵团 2017 年全年全社会固定资产投资 19661510 万元，比上年增长 14.2%。其中，第一产业 2008600 万元，增长 12.3%；第二产业 7243800 元，增长 11.7 %；第三产业 10409100 万元，增长 16.5%。固定资产投资三次产业比重为 10.4∶37.7∶51.9。全年新增固定资产 16141100 万元，比上年增长 33.4%。由表 4-25 可知，人均固定资产投资额有了大幅度增长，由2003年的4768.2元增长到2017年的65422.3元，增长了14倍。同期社会消费品零售总额最终也大幅度增加，由2003年的723890万元增加到了2017年的7083724万元，增长6359834万元，增长率为878.6%，人均社会消费品零售总额由2003年的2847.5元增加到2017年的23570.7元，增长20723元，增长率为727.8%。

表4-25 兵团人均消费现状

单位：人，万元

年份	总人口	全社会固定资产投资	社会消费品零售总额	人均固定资产投资	人均社会消费品零售总额
2003	2542170	1212157	723890	4768.20	2847.53
2004	2563837	1289870	813825	5031.01	3174.25
2005	2569756	1372367	933828	5340.46	3633.92
2006	2579435	1530067	1113810	5931.79	4318.04
2007	2584732	1896156	1301564	7335.99	5035.59
2008	2573077	2359518	1601327	9170.03	6223.39
2009	2573145	3184664	1797787	12376.54	6986.73
2010	2607184	4482739	2028683	17193.80	7781.13
2011	2613724	6835110	2427057	26150.85	9285.82
2012	2648636	10393354	2962303	39240.40	11184.26
2013	2701427	15098995	3856430	55892.66	14275.53
2014	2732868	17613292	4588184	64449.85	16788.90
2015	2765608	17858038	5523395	64571.83	19971.72
2016	2834099	17212068	6322942	60732.06	22310.24
2017	3005309	19661510	7083724	65422.59	23570.70

资料来源：《兵团统计年鉴》（2004~2018年）。

如图4-31所示，2013~2017年，兵团人均固定资产投资远高于新疆、全国人均固定资产投资。2017年兵团人均固定资产投资为 65422.3 元，新疆和全国人均固定资产投资分别为 45730.36 元和 46129.6 元，分别高于同期新疆和全国人均固定资产投资 19692.23 元和 19292.99 元，这说明兵团投资固定资产意识较强。

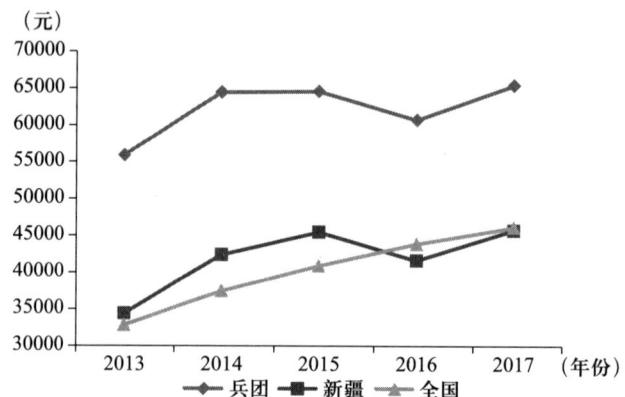

图 4-31　兵团、新疆、全国人均固定资产投资

资料来源：《兵团统计年鉴》（2014～2018 年）、《新疆统计年鉴》（2014～2018 年）、《中国统计年鉴》（2014～2018 年）。

如图 4-32 所示，兵团人均社会消费品零售总额 2013～2017 年与全国人均消费品零售总额总体上趋于一致，高于新疆人均社会

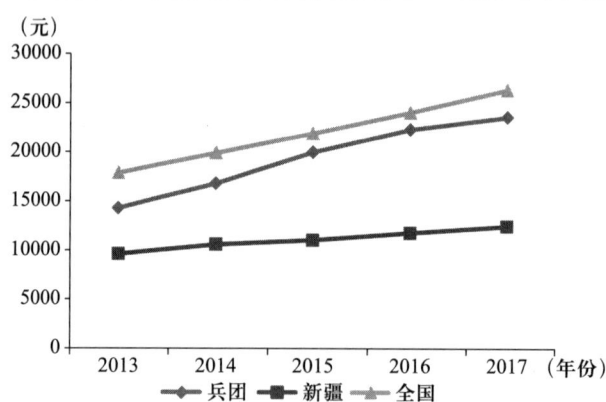

图 4-32　兵团、新疆、全国人均社会消费品零售总额

资料来源：《兵团统计年鉴》（2014～2018 年）、《新疆统计年鉴》（2014～2018 年）、《中国统计年鉴》（2014～2018 年）。

第 4 章 兵团现代服务业发展促进城镇功能提升现状

消费品零售总额。兵团以供给侧结构性改革为着力点,进一步激发内需潜力,加强了兵团城镇化。

(3)财政收支状况。

如表 4-26 所示,2017 年全年兵团一般公共预算收入 1296019 万元,比 2016 年增长 21.7%,其中,税收收入 677600 万元,比上年增加 70300 万元、增长 11.6%。自 2003 年以来,兵团一般公共预算收入有了大幅度的增长,相较于 2003 年,兵团一般公共预算收入增加了 968219 万元,增长 295.4%。兵团一般公共预算支出最终也大幅度增加,由 2003 年的 1716578 万元增加到 2017 年的 8803684 万元,增长 7087106 万元,增长率为 412.9%。2017 年兵团一般公共预算支出远远高于一般公共预算收入,差额为 7507665 万元,主要用于投资兵团公共事业建设,这说明兵团发展效益得到较大的改善。

表 4-26 兵团财政收支

单位:万元

年份	一般公共预算收入	一般公共预算支出
2003	327800	1716578
2004	329899	1729870
2005	330125	1730100
2006	344549	1741020
2007	398789	1795424
2008	424551	2382468
2009	472955	2986947
2010	576935	3430328
2011	476726	4392252
2012	1007484	6032404
2013	675374	7005141

续表

年份	一般公共预算收入	一般公共预算支出
2014	797564	7814788
2015	833079	10484476
2016	1064829	9350070
2017	1296019	8803684

资料来源:《兵团统计年鉴》(2004~2018年)。

4.2.3 环境功能现状

自 2010 年以来,兵团主体环境功能区布局初步形成,环境功能进一步得到优化,城镇化率、城市污染处理的加快使主要污染物排放量大幅度下降,重点城镇污染天数明显减少,生态环境总体得到较好改善,生态文明建设水平与社会目标相一致。本部分指标包括城镇化率、城市污染处理等。

(1)城镇化现状。

进入 21 世纪后,在国家大力支持下,兵团经济保持了持续、健康、快速的发展,特别是新疆工作会议明确提出把推进兵团城镇化进程放在首位,先后开展了 38 个重点小城镇、南疆 31 个团场、52 个边境团场市政基础设施建设和保障性安居工程配套基础设施建设,显著改善了城镇市政基础设施条件,推动了城镇化的改革和发展。

与兵团城镇功能联系最为紧密的就是城镇化率。"十二五"期间兵团城镇化进程迅速推进,城镇化水平显著提高。"十二五"期间兵团城镇化率提高了 15%,圆满完成了兵团城镇化发展目标,兵团城镇化发展势头良好。2003~2017 年,兵团城镇人口达到

1911598人，城镇化率达到64%以上。2003年以后，兵团城镇化率呈稳步上升趋势，2017年兵团非农业人口比2016年增加了68079人，增长率为64%，高于新疆49.38%的增长率，也高于全国58.52%的增长率，如表4-27所示。同新疆城镇化率相比较，兵团城镇化总体城镇化的状况良好，并将长期保持稳步增长的势头。从表4-28可以看出，按区域划分，城镇化最高的是十一师，达99.97%，这是因为其前身是"新疆生产建设兵团建筑工程师"；最低的是三师，仅有44.73%的城镇化率，其前身为"新疆生产建设兵团农业建设第三师"。

表4-27 兵团城镇化发展现状

单位：人，%

年份	年末人口数	非农业人口	城镇化率
2003	2542170	1164946	45.82
2004	2563837	1150640	48.15
2005	2569756	1237298	48.15
2006	2579435	1266527	49.10
2007	2584732	1268142	49.06
2008	2573077	1283627	49.70
2009	2573145	1276390	49.60
2010	2573203	1321154	51.34
2011	2613724	1368928	52.37
2012	2648636	1456168	54.98
2013	2701427	1625529	60.17
2014	2732868	1659870	60.74
2015	2765608	1729974	62.55
2016	2834099	1843519	65.05
2017	3005309	1911598	64.00

资料来源：《兵团统计年鉴》（2004～2018年）。

表4-28 2017年兵团城镇化现状

单位：人，%

地区	2017年末人口数	农业人口	非农业人口	城镇化率
总计	3005309	1093711	1911598	63.61
一师	357961	137453	220508	61.60
二师	214820	66450	148370	69.07
三师	253704	147282	106422	41.95
四师	245195	83129	162066	66.10
五师	127214	67298	59916	47.10
六师	355279	140994	214285	60.31
七师	233479	74496	158983	68.09
八师	641117	206634	434483	67.77
九师	77243	29999	47244	61.16
十师	101229	23849	77380	76.44
十一师	69107	23	69084	99.97
十二师	122408	27342	95066	77.66
十三师	108879	46623	62256	57.18

资料来源：《兵团统计年鉴》（2018年）。

如图4-33所示，就城镇化率来看，兵团整体城镇化率高于新疆、全国水平。兵团城镇化率呈快速上涨趋势，2017年高达64%，而新疆为49.38%，全国为58.52%。通过大力推进城镇化进程，兵团城镇化率快速提升，2000～2017年，由32.86%提升至64%，特别是"十二五"期间，城镇化率年均提高3个百分点。2013～2016年，兵团城镇化率呈逐年上升趋势，2017年出现小幅度下滑，较2016年，兵团城镇化率下滑1%。随着城镇的迅速发展，兵团城镇市政公用设施规模逐步扩大和提升，促进了兵团城镇市政公用事业建设与发展。

第 4 章 兵团现代服务业发展促进城镇功能提升现状

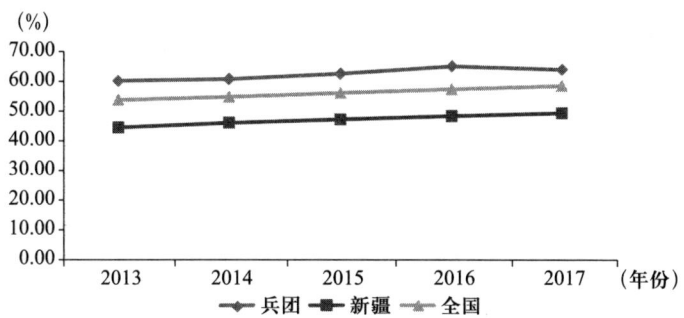

图 4-33 兵团、新疆、全国城镇化发展现状

资料来源：《兵团统计年鉴》（2014～2018 年）、《新疆统计年鉴》（2014～2018 年）、《中国统计年鉴》（2014～2018 年）。

（2）城市污染处理现状。

"十三五"期间，兵团城镇基础设施建设取得长足发展，有效改善了城镇居民的生产生活条件，增强了城镇的产业和人口聚集功能，改善了兵团的投资发展环境，为兵团城镇进一步发展和经济转型奠定了基础。截至 2017 年，兵团城镇污水处理率达到 81.4%，比上年增加了 1.9%，由表 4-29 可知，2010～2017 年，兵团城镇污水处理率由 75.5% 增加到 81.4%，增加了近 6 个百分点；2017 年兵团生活垃圾无害化处理率达到 55.2%，比上年增加了 4.7%，2010～2017 年，兵团生活垃圾无害化处理率由 33.9% 增加到 55.2%，将近翻了两番。

表 4-29 兵团城市污染处理现状

单位：%

年份	城市污水处理率	城市生活垃圾无害化处理率
2010	75.5	33.9
2011	76.5	34.6
2012	77.1	35.2
2013	77.8	35.7

续表

年份	城市污水处理率	城市生活垃圾无害化处理率
2014	78.3	40.1
2015	78.9	45.0
2016	79.5	50.5
2017	81.4	55.2

资料来源:《兵团统计年鉴》(2011~2018年)。

将兵团、新疆、全国城市污水处理率描绘在图上进行对比,由图4-34可以看出,2013~2017年,兵团城市污水处理率不断增加,但仍低于新疆、全国城市污水处理率。这表明兵团近年来虽然加大了污染治理的力度,对污染治理项目本年完成投资由2010年的11201.5万元增加到2017年的22453.87万元,但城市污水处理未来还有很长一段发展时间。

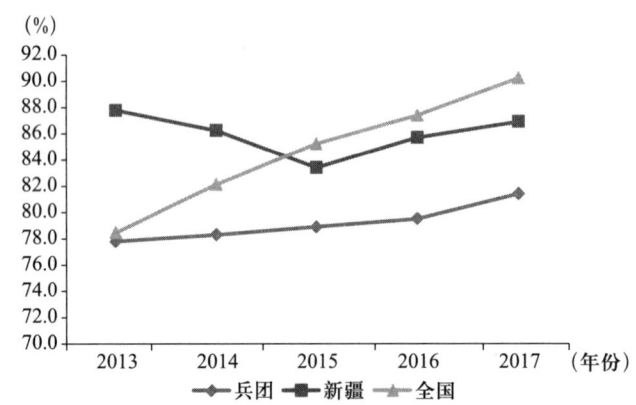

图4-34 兵团、新疆、全国城市污水处理率

资料来源:《兵团统计年鉴》(2014~2018年)、《新疆统计年鉴》(2014~2018年)、《中国统计年鉴》(2014~2018年)。

2013~2017年,兵团生活垃圾无害化处理率得到较快增长,由35.7%增加到55.2%。如图4-35所示,兵团生活垃圾无害化处理率虽然 2013～2017 年不断增加,但仍远低于新疆、全国生活垃圾无害化处理率,2017 年,兵团生活垃圾无害化处理率分别低于新疆、全国 33.18%、42.5%。这说明,兵团生活垃圾无害化处理能力与新疆、全国生活垃圾无害化处理能力差距较大,兵团未来仍需要加大对生活垃圾无害化处理的投资力度。

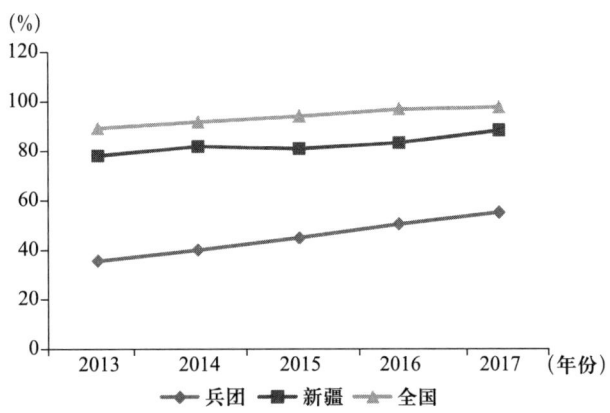

图 4-35　兵团、新疆、全国生活垃圾无害化处理率

资料来源:《兵团统计年鉴》(2014～2018 年)、《新疆统计年鉴》(2014～2018 年)、《中国统计年鉴》(2014～2018 年)。

4.2.4　城镇科技创新功能现状

兵团高度重视科技创新能力,创新活力显著增强,科技实力与其竞争力不断增加,一系列的重大科技成果与兵团城镇功能发展密不可分,兵团科技进步投入与产出水平、普通高等学校在校学生显著增加也为实现"十三五"总目标提供了强有力的支撑,本部分将从兵团科技进步投入与产出水平、普通高等学校在校学生现状展开。

(1) 兵团科技进步投入水平。

科技进步的投入力度和效率是科技创新活动取得成功的基础,

根据以往学者经验，选取R&D经费支出与R&D经费支出占GDP比重作为科技进步经费投入衡量指标，选取R&D人员全时当量作为科技进步人员投入衡量指标，由于统计数据的不完整，本部分所选取的数据是2010～2017年的相关数据。

如表4-30所示，随着时间的推移，兵团的科技投入力度不断加大、投入总量不断增加，R&D经费支出总额呈不断增长趋势，由2010年的6429万元增长到2017年的20543万元，增长了3.2倍，其中，基础研究经费支出由323万元增长到1891万元，应用研究经费支出由913万元增长到8541万元，试验与发展研究经费支出由5193万元增长到8244万元，分别增长5.9倍、9.4倍和1.6倍。近年来，基础研究、应用研究和试验与发展研究占R&D经费支出总额的比重分别为9.2%、41.57%和40.1%，相较而言，基础研究经费支出占比过低，而试验与发展研究经费占比过高，近年来，三者的占比呈现不同的变化趋势，基础研究占比和应用研究占比不断增加，分别由2010年的5.02%和14.2%增长到了2017年的9.2%和41.57%，而试验与发展研究经费支出占比则不断下降，由2010年的80.77%下降到2017年的40.1%，下降了40.67个百分点。

表4-30 主要年份兵团R&D经费支出及其构成

单位：万元，%

年份	R&D经费支出	基础研究	应用研究	试验发展	基础研究占比	应用研究占比	试验发展研究占比	R&D经费支出占兵团GDP比重
2010	6429	323	913	5193	5.02	14.20	80.77	0.08
2011	9516	664	787	8065	6.98	8.27	84.75	0.10
2012	12358	498	1493	10367	4.03	12.08	83.89	0.10
2013	18148	1456	2791	13901	8.02	15.38	76.60	0.12
2014	15256	917	1046	13293	6.01	6.86	87.13	0.09

续表

年份	R&D经费支出	基础研究	应用研究	试验发展	基础研究占比	应用研究占比	试验发展研究占比	R&D经费支出占兵团GDP比重
2015	17859	1928	8489	7442	10.80	47.53	41.67	0.09
2016	21001	3172	9018	6517	15.10	42.94	31.03	0.10
2017	20543	1891	8541	8244	9.2	41.57	40.1	0.12

资料来源：《兵团统计年鉴》（2011~2018年）。

作为衡量经费投入强度指标，2010年以来兵团R&D经费支出占GDP的比重也略有增加，由2010年的0.08%增加到2017年的0.12%，其中，2013年比重达到最大，之后一年下降幅度较大。这表明兵团的R&D经费支出过低，对兵团科技创新的支持力度较小。

21世纪以来，兵团科技队伍总体规模不断扩大，整体素质显著提高，人才结构也得到很大改善。由图4-36可知，2010~2017年，兵团按实际工作时间计算的R&D人员全时当量有所提高，由2010

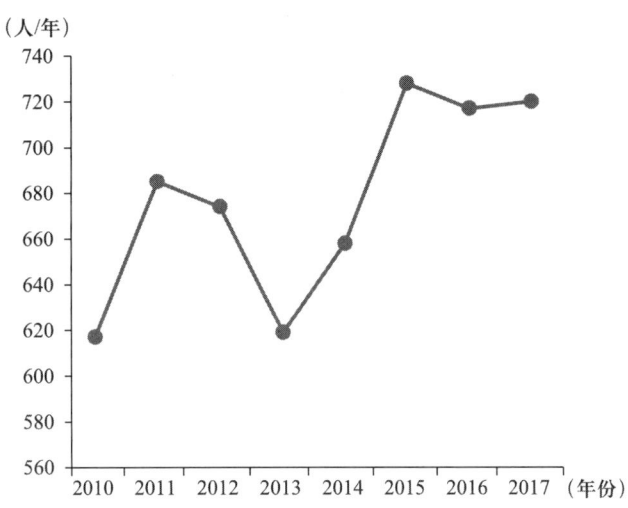

图4-36 兵团按实际工作时间计算的R&D人员投入量

资料来源：《兵团统计年鉴》（2011~2018年）。

年的617人/年增加到2017年的720人/年,增加了约100人/年。从趋势图还可以看出,兵团R&D人员投入2011~2013年出现下滑,2013~2015年又有所恢复,但2015年以后该指标又有所下滑。

(2)兵团科技进步产出水平。

科技进步产出水平是科技进步实力和效果的衡量指标,技术进步的活动链表明,科技进步的表现形式一般为科技论文、专利及市场对高新技术产品需求,故本部分选取兵团专利申请量及授权量两个指标来衡量。

自1985年《中华人民共和国专利法》实施以来,兵团的专利事业得到快速推进,兵团的技术进步水平提升较快,科技实力明显增强。从表4-31可以看出,自2010年以来,兵团的专利申请数和批准数都得到较快增长,专利申请数由2010年的41件增加到2017年的132件,增长了近3倍;专利批准数由2010年的38件增加到2017年的79件,增长了近2倍。

表4-31 主要年份兵团专利申请数和批准数

单位:件

年份	申请数		批准数	
	合计	发明	合计	发明
2010	41	13	38	12
2011	37	15	26	4
2012	97	38	53	10
2013	130	61	62	10
2014	120	54	61	11
2015	133	64	833	29
2016	200	82	130	37
2017	132	80	79	33

资料来源:《兵团统计年鉴》(2011~2018年)。

近年来,兵团不断提升兵团知识产权创造、运用、保护、管理和服务能力,知识产权的拥有量突破,专利申请量和授权量逐年递增,由图4-37可知:相比2010~2015年,2016年兵团专利申请授权量增长率得到了大幅度的提升。2016年,兵团专利申请量达到200件,相比2015年增长50.38%。兵团专利授权增长率大体与新疆及全国平均水平一致,但波动幅度较大,自2016年以来,兵团专利申请授权量增长率与新疆及全国水平存在较大的差距,这说明兵团知识产权体系还需不断完善。总体而言,在创新能力方面,兵团的经费投入力度近年来不断加大,创新能力提高较为明显。

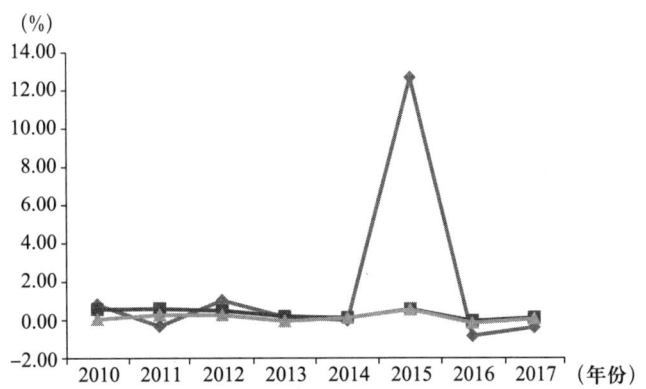

图 4-37　兵团、新疆、全国专利申请授权量增长率

资料来源:《兵团统计年鉴》(2011~2018年)、《新疆统计年鉴》(2011~2018年)、《中国统计年鉴》(2011~2018年)。

(3)普通高等学校学生现状。

自21世纪以来,兵团科教队伍总体规模不断扩大,整体素质显著提高,人才结构也得到了很大的改善。由表4-32可知,2017年兵团普通高等学校毕业生数为13662人,招生数为15014人,在校学生数为53758人,与2010年对比,分别增加了3419人、1644

人、6982 人、增长率分别为 33.37%、12.29%、14.92%，普通高等学校发展机制更加科学。

表 4-32 兵团普通高等学校学生现状

单位：人

年份	毕业生数	招生数	在校学生数
2010	10243	13370	46776
2011	11681	12882	47170
2012	11513	13040	48341
2013	12372	13497	48735
2014	12309	13853	49862
2015	12449	14873	51595
2016	13604	14959	52843
2017	13662	15014	53758

资料来源：《兵团统计年鉴》（2011～2018 年）。

比较兵团、新疆、全国普通高等学校在校学生数增长率，如图 4-38 所示。2013～2017 年，兵团普通高等学校在校学生数增长率始终低于全国普通高等学校在校学生数增长率。2013～2015 年，

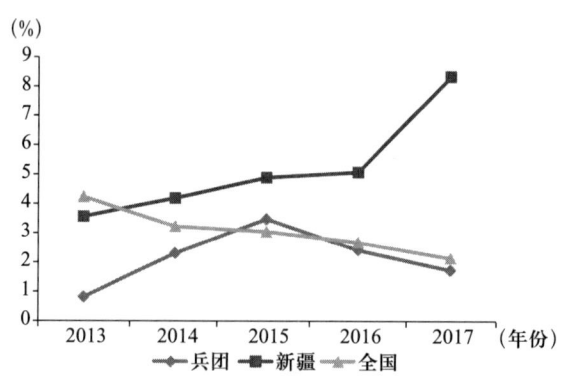

图 4-38 兵团、新疆、全国普通高等学校在校学生增长率

资料来源：《兵团统计年鉴》（2014～2018 年）、《新疆统计年鉴》（2014～2018 年）、《中国统计年鉴》（2014～2018 年）。

兵团普通高等学校在校学生数增长率不断上升，但该增长率远低于全国普通高等学校在校学生数增长率，2016～2017年兵团普通高等学校在校学生数增长率出现了负增长，这说明兵团科教投入不足，还有很大的提升空间。

4.3 本章小结

近年来，虽然兵团现代服务业发展取得了一定成效，但仍然存在规模较小、比重偏低、发展不快、水平不高等突出问题。同时，服务业发展不快也受发展阶段、市场机制、要素保障等因素的制约。主要表现为：

第一，对现代服务业发展的重要性、紧迫性认识仍显不足。国际经验表明，当人均 GDP 达到 3000～6000 美元时，服务业进入快速发展时期，也是高回报时期。当前，新疆人均生产总值已突破 5000 美元，兵团人均生产总值超过 7000 美元，兵团服务业正值大力发展的黄金机遇期。然而，长期以来兵团以农业大生产为主，第一产业、第二产业在经济发展中长期处于主导地位，且兵团各师（市）布局分散，对服务业尤其是现代服务业发展的思想认识不统一，服务业的许多领域被当作非生产性活动，许多行业过于依赖政府的投入，缺乏自我发展机制，经济发展仍停留在过去的发展思路、发展模式上。由于机遇认识不到位，对现代服务业发展的重要性、紧迫性认识仍不足，没有把现代服务业发展放到调结构、转方式的高度，对服务业发展整体思路欠佳，服务业产业导向、功能定位、布局不够明确。

第二，现代服务业发展平台和基础支撑不足，自我发展能力不强。城镇化和工业化平台是现代服务业发展的基础，虽然兵团城镇化率达到64%，但由于兵团城镇规模小、布局分散、人口较少、产业不强，城镇经济中难以为现代服务业发展形成需求热点。再加上兵团工业化整体水平不高，工业产品多为初级加工，园区建设相对滞后，产业集中度较低，也难以形成现代服务业联动聚集的平台。

第三，服务业内部结构不合理，发展水平滞后。兵团服务业在得到了迅速发展的同时，兵团现代服务业增加值占生产总值的比重却没有稳步增加。服务业内部不同部门发展速度各不相同。其中，住宿和餐饮业、房地产业、交通运输、仓储和邮政业等行业发展速度较快；科学研究、技术服务和地质勘察业和文化、体育和娱乐业等行业发展速度较慢。

与此同时，兵团在城镇功能提升的过程中，也凸显出了诸多问题，总结为以下三个方面：

第一，兵团团场城镇呈散点分布，城镇空间布局欠合理，城镇联系不紧密，导致城镇功能相互作用不明显，无法最大限度地发挥兵团城镇功能作用。

第二，兵团城镇发展产业支撑能力不足，经济发展整体呈现"北强南弱"的发展格局。团场城镇产业布局不合理，产业集聚尚未形成，吸纳劳动力能力较弱，无法满足团场剩余劳动力转移和城镇化产业支撑的需求，产业发展缺少师域空间层面的资源统筹和优化配置。多数城市、团场城镇、产业园区，人口、产业主要集中在条件较好的天山北坡一带，天山以南仅有4个师，包括57个团场，人口和经济总量分别占南疆的6.8%和13.7%。产业支撑力不够，城镇无法集聚相应人口，致使城镇经济缺乏活力，城镇在兵团经济中的增长极作用较弱，城镇可持续发展能力不足，与新形势下维稳戍边的要求不相适应。

第三，兵团辖地空间较为分散，人口集聚困难。兵团辖地分布特征呈现"插花"式，不能形成完整的区域，无法形成独立完整的城镇体系网络，人口聚集度低，产业吸引力弱，没有集中连片的管辖区。

第5章 兵团现代服务业发展提升城镇功能实证研究

5.1 理论框架和指标选取

在现有文献基础上,本书选用改进的 C-D 生产函数模型作为理论框架,具体形式如下:

$$UR_i = A(MS_i)^{\alpha}(OE_i)^{\beta}(PGDP_i)^{\gamma}\varepsilon_i \tag{5-1}$$

其中,UR 表示城镇功能提升水平,MS 表示现代服务业产出水平,OE 表示现代服务业就业水平,PGDP 表示人均 GDP。为了减弱异方差影响,对等式两边取对数,构建现代服务业发展促进城镇功能提升的计量模型:

$$LnUR_i = LNA + \alpha LnMS_i + \beta LnOE_i + \gamma LnPGDP_i + \varepsilon_i \tag{5-2}$$

通过检验发现,人均 GDP 与现代服务业产出水平 MSI 呈高度相关关系,结合本书研究目的,将变量 PGDP 剔除,故最终的实证模型设定为:

$$LnUR_i = LNA + \phi_1 LnMS_i + \phi_2 LnOE_i + \varepsilon_i \tag{5-3}$$

其中，UR 表示的城镇功能提升水平代表一个综合变量。借鉴王崇举对城镇功能的划分，将城镇功能定义为宜居功能、集约辐射功能、环境功能和城镇科技创新功能 4 个方面。宜居功能由基础设施和民生生活两方面反映，下设在岗职工平均工资、病床数、广播及电视覆盖率 4 个指标；城镇集约辐射功能包括城镇集约功能和城镇辐射功能，由城镇固定资产投资、第二产业产值占 GDP 比重、第三产业占 GDP 比重、工业增加值占 GDP 比重、社会消费品零售总额、交通运输仓储和邮政业总产值、批发和零售业总产值 7 个指标反映；环境功能包括生态环境功能和人口环境功能两个方面，由森林覆盖率、人口密度和城镇化率 3 个指标反映；城镇科技创新功能由科技活动人员数、科技活动经费内部支出额、普通高等学校在校学生数及专利授权量 4 个指标反映，具体如表 5-1 所示。由于 UR 是一个综合变量，综合水平测算的关键是各指标权重的确定。本书采用了熵权法确定各项指标权重。

MS 用现代服务业的增加值占 GDP 的比重衡量，即：

$$MS = 现代服务业增加值/GDP \quad (5-4)$$

根据定义，现代服务业包括信息传输、计算机服务和软件业、金融业、房地产业、租赁和商务服务业、科学研究、技术服务和地质勘察业、水利、环境和公共设施管理业、教育业、卫生、社会保障和社会福利业及文化、体育与娱乐业等几大行业，由于现代服务业增加值的相关数据不能直接得到，对照第三产业所包含的行业，本书现代服务业增加值是由第三产业增加值减去交通运输、仓储和邮政业增加值、批发和零售业增加值等三大传统服务业增加值近似替代，即：

$$MS = （第三产业增加值 - 三大传统服务业增加值）/GDP \quad (5-5)$$

表 5-1 城镇功能提升综合评价指标体系

目标层	子系统层	指标层	类型对城镇功能的影响	权重层
城镇功能	宜居功能	在岗职工平均工资（年/元）	+	0.055
		病床数（张）	+	0.058
		广播人口覆盖率（%）	+	0.021
		电视人口覆盖率（%）	+	0.017
	集约辐射功能	全社会固定资产投资（万）	+	0.083
		第二产业产值占 GDP 比重	+	0.046
		第三产业产值占 GDP 比重	+	0.024
		工业增加值占 GDP 比重	+	0.021
		社会消费品零售总额（万）	+	0.067
		交通运输仓储和邮政业总产值（万）	+	0.072
		批发和零售业总产值（万）	+	0.086
	环境功能	森林覆盖率（%）	+	0.079
		人口密度（人/平方千米）	+	0.047
		城镇化率（%）	+	0.034
	城镇科技创新功能	科技活动人员数（人）	+	0.033
		科技活动经费内部支出额（万）	+	0.055
		普通高等学校在校学生数（人）	+	0.022
		专利授权量（个）	+	0.18

OE 由现代服务业就业人数与就业总人数的比重衡量，即：

$$OE = 现代服务业就业人数 / 就业总人数 \quad (5-6)$$

同现代服务业增加值类似：

$$OE = （第三产业就业人数 - 三大传统服务业就业人数）/ 就业总人数 \quad (5-7)$$

赋权的基本步骤如下：

第一步，标准化处理。对于给定的 k 个指标 $X_1, X_2, \cdots, X_k$，其中，$X_i = \{X_1, X_2, \cdots, X_k\}$，标准化后的值记为 $Y_1, Y_2, \cdots, Y_k$，则：

$$Y_{ij}=\frac{X_{ij}-\min(X_i)}{\max(X_i)-\min(X_i)} \qquad (5-8)$$

第二步,求信息熵 E。一组数据的信息熵:

$$E_j=-\ln(n)^{-1}\sum_{i,j=1}^{n}p_{ij}\ln p_{ij} \qquad (5-9)$$

其中,$p_{ij}=Y_{ij}/\sum_{i,j=1}^{n}Y_{ij}$,若 $p_{ij}=0$,则 $\lim_{p_{ij}\to 0}p_{ij}\ln p_{ij}=0$

第三步,确定各指标权重。k 个指标的权重分别为 E_1、E_2、…、E_k,权重:

$$G_i=\frac{1-E_i}{k-\sum E_i} \qquad (5-10)$$

其中,i=1,2,…,k。

用各个指标各个年份的标准值乘该指标对应权重,得到 UR:

$$UR_i=\sum G_{1i}Y_{ij} \qquad (5-11)$$

其中,i=1,2,…,22,j=1,2,…,10。

经整理,所得指标 UR、MS、OE 如表 5-2 所示:

表 5-2 变量统计

年份	UR	MS	OE
2000	0.0528	0.3131	0.1883
2001	0.0954	0.3241	0.1909
2002	0.0792	0.3393	0.1930
2003	0.0601	0.1941	0.1568
2004	0.0827	0.2285	0.1692
2005	0.1086	0.2420	0.1637
2006	0.1228	0.2419	0.1658
2007	0.1594	0.2266	0.1661
2008	0.1881	0.2197	0.1764
2009	0.2193	0.2164	0.1733
2010	0.3347	0.2001	0.1711
2011	0.3854	0.1826	0.1708

续表

年份	UR	MS	OE
2012	0.4658	0.1790	0.1771
2013	0.5559	0.1728	0.1886
2014	0.6094	0.1869	0.1974
2015	0.8511	0.1860	0.2059
2016	0.7417	0.1869	0.2568
2017	0.8027	0.1933	0.2430

注：表中数据均基于原始数据由 Excel 表格计算所得。

5.2 数据来源及处理

根据本书的需要以及数据的可获得性，本书选取了 2000～2017 年的时间序列数据，所有数据均来自《中国统计年鉴》《新疆生产建设兵团统计年鉴》以及新疆生产建设兵团统计公报。变量基本描述统计如表 5-3 所示。

表 5-3　变量基本描述统计

变量名称	单位	观测值	均值	标准差	最大值	最小值
UR	%	22	27.31	23.61	94.49	5.59
MS	%	22	21.53	2.67	25.95	16.66
OE	%	22	17.48	2.51	25.68	13.82

注：表中数据根据表 5-2 由 Excel 表格计算得出。

根据以上数据，利用 Eviews 进行操作，步骤如下：

第一，对序列进行平稳性检验：进行平稳性检验，得到原序列的 ADF 检验结果，观察其检测值，判断是否进行一阶差分甚至二阶差分的 ADF 检验。

第二,进行协整关系检验,判断残差项是否平稳,变量间是否存在长期均衡关系,从而是否可构建 VAR 模型。

第三,对模型稳定性进行检验,保证后续脉冲响应函数的正确分析。

第四,进行脉冲响应函数的正确分析。

第五,方差分解分析。

5.3 实证分析

5.3.1 模型选取

在建立模型时,大多情况下会人为地将一些变量定义为内生变量,另一些变量被定义为外生变量,C.A. 西姆斯(Sims)认为这样做的缺陷是带有太强的主观性,他建议当变量的外生性无法确定时,就应将其与内生变量同等加以对待,在回归时事先不应区分内生外生变量,1980 年,西姆斯提出向量自回归模型(Vector Auto-Regression,VAR),用于解决该类情况。

以双变量情况为例,假设现在和过去的 $\{x_t\}$ 对 $\{y_t\}$ 产生影响,而现在和过去的 $\{y_t\}$ 对 $\{x_t\}$ 也产生影响,则模型可设定为:

$$y_t = b_{10} - b_{12}x_t + \gamma_{11}y_{t-1} + \gamma_{12}x_{t-1} + \mu_{yt} \quad (5-12)$$

$$x_t = b_{20} - b_{21}y_t + \gamma_{21}y_{t-1} + \gamma_{22}x_{t-1} + \mu_{xt} \quad (5-13)$$

其中，$\{y_t\}$ 与 $\{x_t\}$ 都是平稳的，μ_{yt} 与 μ_{xt} 是服从均值为 0，方差为 σ_y^2 与 σ_x^2 的白噪声误差项，且满足无自相关假设，μ_{yt} 与 μ_{xt} 则被称为脉冲值（Impuleses）。

由于 $\{y_t\}$ 与 $\{x_t\}$ 之间存在相互影响，该模型的实质是一个反馈系统，另外，由于 $\{y_t\}$ 与 $\{x_t\}$ 的脉冲值分别是 μ_{yt} 与 μ_{xt}，如果 $b_{21} \neq 0$，则意味着 μ_{yt} 对 x_t 存在间接影响；如果 $b_{12} \neq 0$，同理则意味着 μ_{xt} 对 y_t 有间接影响。

由于 $\{y_t\}$ 与 $\{x_t\}$ 之间同时产生互相影响，故无法通过式（5-12）和式（5-13）导出诱导方程，但可以通过变换，将其写成应用性较强的矩阵形式：

$$\begin{bmatrix} 1 & b_{12} \\ b_{21} & 1 \end{bmatrix} \begin{pmatrix} y_t \\ x_t \end{pmatrix} = \begin{pmatrix} b_{10} \\ b_{20} \end{pmatrix} + \begin{bmatrix} \gamma_{11} & \gamma_{12} \\ \gamma_{21} & \gamma_{22} \end{bmatrix} \begin{pmatrix} y_{t-1} \\ x_{t-1} \end{pmatrix} + \begin{pmatrix} \mu_{yt} \\ \mu_{xt} \end{pmatrix} \quad （5-14）$$

或者：

$$BZ_t = \Gamma_0 + \Gamma_1 Z_{t-1} + U_t \quad （5-15）$$

其中，$B = \begin{bmatrix} 1 & b_{12} \\ b_{21} & 1 \end{bmatrix}$，$Z_t = \begin{pmatrix} y_t \\ x_t \end{pmatrix}$，$\Gamma_0 = \begin{pmatrix} b_{10} \\ b_{20} \end{pmatrix}$，$\Gamma_1 = \begin{bmatrix} \gamma_{11} & \gamma_{12} \\ \gamma_{21} & \gamma_{22} \end{bmatrix}$，$U_t = \begin{pmatrix} \mu_{yt} \\ \mu_{xt} \end{pmatrix}$

式（5-15）两边乘以 B^{-1}，可以得到向量自回归模型的标准形式：

$$Z_t = A_0 + A_1 Z_{t-1} + V_t \quad （5-16）$$

其中，$A_0 = B^{-1}\Gamma_0$，$A_1 = B^{-1}\Gamma_1$，$V_t = B^{-1}U_t$

因此，式（5-16）可以写成：

$$\begin{cases} y_t = a_{10} + a_{11}y_{t-1} + a_{12}x_{t-1} + v_{1t} \\ x_t = a_{20} + a_{21}y_{t-1} + a_{22}x_{t-1} + v_{2t} \end{cases} \quad （5-17）$$

这就是向量自回归模型的一般标准形式。将其推广到多变量模型，一般的向量自回归模型矩阵表达式为：

$$Y_t = A_0 + A_1 Y_{t-1} + A_2 Y_{t-2} + \cdots + A_p Y_{t-p} + B_1 X_t + \cdots + B_q X_{t-q} + U_t \quad (5-18)$$

其中，Y_t 和 X_t 分别是 m 维和 r 维的内生变量和外生变量，A_0，A_1，A_2，…，A_p 和 B_1，…，B_q 则是需要估计的参数矩阵，A、B 系数矩阵的滞后期分别为 p 阶和 q 阶，U_t 为随机扰动项。

式（5-18）中内生变量的滞后期为 p 阶，则可将其称为一个 VAR（p）模型。在现实应用中，一般希望滞后结束 p 和 q 足够长，这样可以比较完整地反映出所建立的模型的动态特征。但反过来，若追求滞后期足够大，则模型中待估的未知参数就越多，自由度就会越少，模型的精度会相应降低。因此，在滞后期的选择上，一般依据 AIC 和 SC 取值最小的原则确定之后阶数，以寻求滞后期和自由度之间的平衡。

5.3.2 平稳性检验

为了避免异方差的影响，对各项指标取对数。城镇功能、现代服务业产出水平、现代服务业就业水平分别由 LUR、LMS、LOE 表示。在构建 VAR 模型之前，首先对各个变量进行平稳性检验，即对于随机过程 $\{X_n\}$ 经过 n 次差分后，变换成一个平稳的 ARMA 过程，当 n-1 次差分后仍是非平稳过程。对于平稳性检验通常利用 ADF 检验。对各变量的检验结果经整理如表 5-4 所示。

表 5-4 平稳性检验结果

变量	检验类型 （C, T, K）	ADF 统计量	ADF 临界值 （1%）	Prob.*	结论
LUR	（C, T, 0）	−0.740	−3.887	0.810	不平稳
LUR（−1）	（C, T, 0）	−4.963	−3.920	0.001	平稳

续表

变量	检验类型 (C, T, K)	ADF 统计量	ADF 临界值 (1%)	Prob.*	结论
LMS	(C, T, 0)	−2.249	−3.920	0.199	不平稳
LMS (−1)	(C, T, 0)	−5.184	−3.920	0.001	平稳
LOE	(C, T, 0)	0.291	−3.920	0.969	不平稳
LOE (−1)	(C, T, 0)	−4.437	−3.920	0.004	平稳

注：在 ADF 检验中 C 为常数项，T 为时间趋势项，K 为滞后阶数，Prob.* 表示变量在原假设成立时出现的概率值。

从表 5-4 可以看出，变量均是非平稳的，即存在单位根。对原序列进行一阶差分单位根检验后，在 99% 的置信水平下，此时，各个变量 ADF 统计量的检验值均小于临界值，序列实现平稳。因而时间序列均为一阶时间序列。

5.3.3 协整关系检验

本书采取 Johansen 法用以检测各变量之间是否存在协整关系。在检验协整关系之前首先要明确 VAR 模型中最优滞后阶数，依据无约束 VAR 模型 AIC 与 SC 最小准则，得到模型的最优滞后阶数为 1。其协整关系检验结果如表 5-5 所示：

表 5-5 协整关系检验结果

原假设	特征值	迹统计量	0.05 临界值	Prob.*
None *	0.7422	46.3904	29.7971	0.0003
At most 1*	0.6729	24.6998	15.4947	0.0016
At most 2 *	0.3447	6.8179	3.8414	0.0090

注：***、**、* 分别对应 1%、5%、10% 水平显著。

根据检测结果可以看出,在 95% 的置信区间内拒绝无协整关系的原假设,变量之间存在协整关系。所以,变量之间存在长期均衡关系。可以构建 VAR 模型。

5.3.4 基于多元协整的 VAR 估计

由于 LUR、LMS 和 LOE 之间存在协整关系,所以可以将变量均视为内生变量,建立基于协整关系的多变量 VAR 模型:

$$\begin{bmatrix} LUR \\ LMS \\ LOE \end{bmatrix} = C + \sum_{i=1}^{T} A_i \begin{bmatrix} LUR_{t-i} \\ LMS_{t-i} \\ LOE_{t-1} \end{bmatrix} + \varepsilon, \quad t=1, 2, \cdots, 22 \quad (5-19)$$

其中,T 为滞后阶数,C 是待估的截距四维列向量,A_i 是 3×3 阶待估系数矩阵。式(5-19)为随机扰动三维列向量。运用 Eviews 7.0 对上式进行估计,所得 VAR 模型结果如下:

$$\begin{bmatrix} LUR \\ LMS \\ LOE \end{bmatrix} = \begin{bmatrix} -0.0332 \\ -0.0095 \\ 0.0191 \end{bmatrix} + \begin{bmatrix} -0.8374 & -0.2719 & 0.8355 \\ 1.1581 & 0.4145 & -4.6315 \\ 0.1577 & 0.2073 & -0.3316 \end{bmatrix} \begin{bmatrix} LUR_{t-i} \\ LMS_{t-i} \\ LOE_{t-i} \end{bmatrix} + \varepsilon$$

$$t=1, 2, \cdots, 22 \quad (5-20)$$

从 VAR 模型反映的结果来看,当期城镇功能提升水平受自身滞后一期的影响,当上一期城镇功能水平提升 1 个百分点,当期的城镇功能水平会降低 0.8374 个百分点。同时,当上一期的现代服务业产出水平增加 1 个百分点,当期的城镇功能水平会降低 0.2719 个百分点。当上一期的现代服务业就业水平增加 1 个百分点,当期的城镇功能水平会进步 0.8355 个百分点。此外,当期现代服务业产出水平也受自身滞后一期的影响,当上一期现代服务业产出水平提升1个百分点,当期的现代服务业产出水平会提升0.4145个百分点。当上一期的现代服务业就业水平增加1个百分点,当期的现代服务业产出水平会抑制4.6315个百分点。同样,当期现代服务业就业水平也受自身滞后一期的影响,当上一期现代服务业就业水平提升1个百分点,当期的现代服务业就业水平会降低0.3316个百分点。同时,当上一期的城镇功能水平增加1个百分点,当期的现代服务业就业水平会提升0.1577个百分点。

5.3.5 模型的稳定性检验

为了后续脉冲响应函数的正确分析,需要确保模型的稳定性,其原理为当VAR全部特征根的模的倒数小于1时,则VAR模型满足稳定性前提。模型的稳定性检验如图5-1所示。

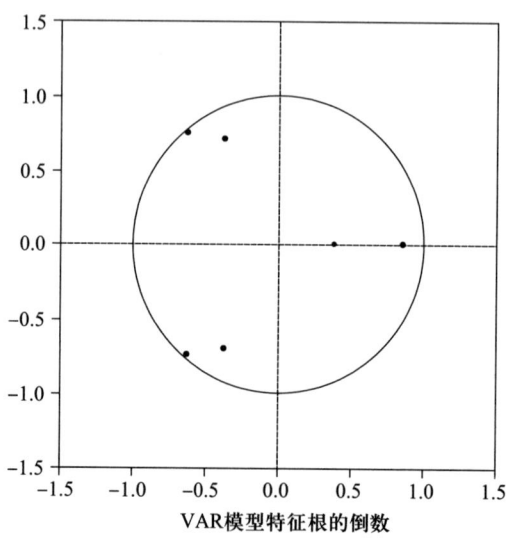

图5-1 稳定性检验结果

从图 5-1 可以看出，模型中所有特征根的模的倒数都在一定的单位内，说明该 VAR 模型是稳定的，因此可以继续检验和分析。

5.3.6 脉冲响应函数分析

脉冲响应函数研究方法是用来描述当误差项所带来的冲击时，内生变量对其的反应程度，也就是说，给予随机误差项施加一个标准差大小的冲击后，对内生变量的当期值和未来值所产生的影响强度。本书选取响应期为 10，基于 VAR 模型的脉冲响应函数如图 5-2 所示。

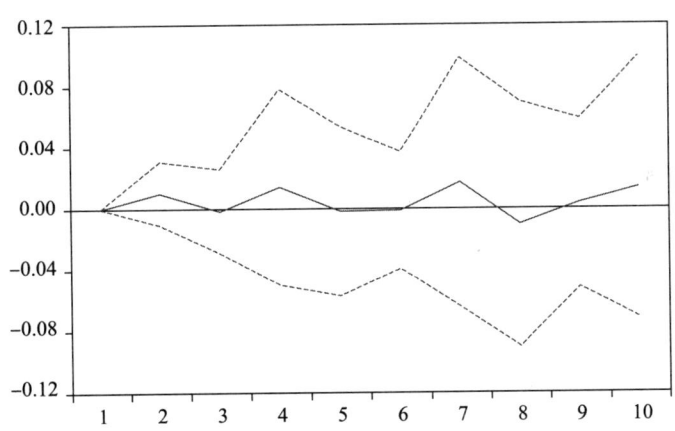

图 5-2 现代服务业产出水平对城镇功能提升水平的响应

由图 5-2 可知，受到城镇功能水平提升的冲击，现代服务业产出水平从第 1 期开始呈现波动趋势，在第 7 期达到最大，趋于稳定的波动状态。从短期来看，现代服务业产出水平对城镇功能水平提升起正的响应，即城镇功能水平提升对现代服务业产出水平的提高具有正向拉动作用。从长期来看，城镇功能水平提升对现代服务业产出水平的提高作用逐渐减弱。

由图 5-3 可知，受到城镇功能水平提升的冲击，现代服务业就业水平从第 1 期开始波动上升，在第 2 期达到最大，随后开始趋于稳定的波动状态。从短期来看，现代服务业就业水平对城镇功能水平提升起正的响应，即城镇功能水平提升对现代服务业就业水平的提高具有正向拉动作用。从长期来看，城镇功能水平提升对现代服务业就业水平的提高作用逐渐减弱。

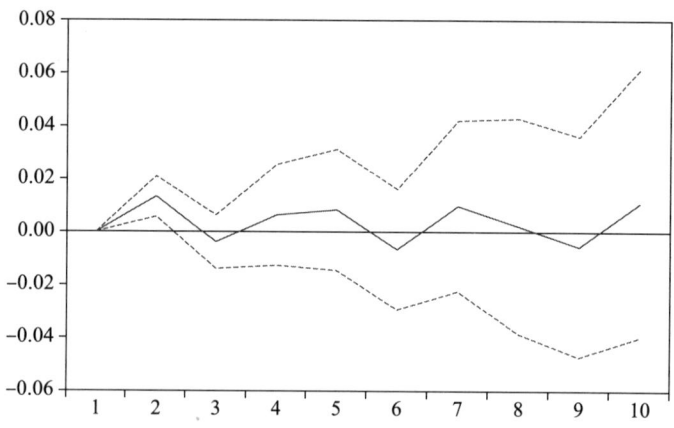

图 5-3 现代服务业就业水平对城镇功能提升水平的响应

由图 5-4 可知，受到现代服务业产出水平提升的冲击，城镇功能水平初期处于下降，而后呈现波动趋势，第 1 期为最大值，第 9 期达到最小值。从短期来看，城镇功能水平对现代服务业产出水平提升起负的响应，即现代服务业产出水平提升对城镇功能水平的提高具有抑制作用。从长期来看，现代服务业产出水平提升对城镇功能水平的提高作用趋于稳定，呈现波动状态。

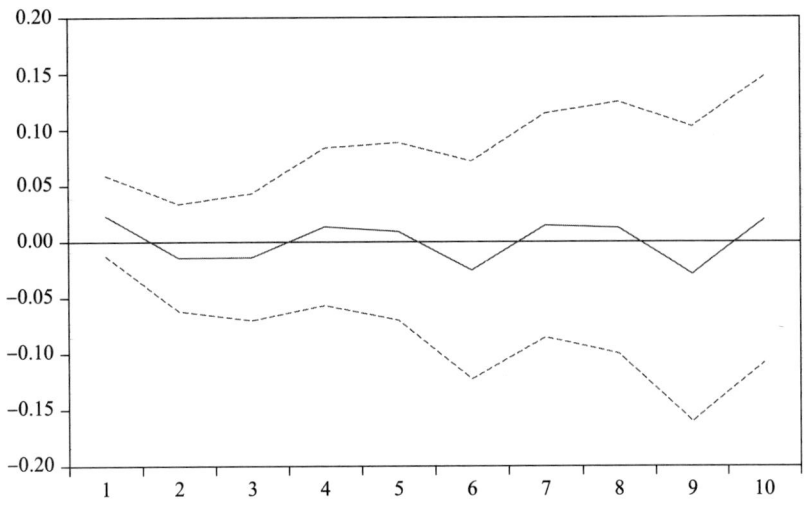

图 5-4　城镇功能提升水平对现代服务业产出水平的响应

由图 5-5 可知，受到现代服务业就业水平提升的冲击，城镇功能水平从第 1 期开始逐渐上升，后呈现波动趋势，在第 6 期达到最大值后开始较快下降，第 7 期达到最小值。从短期来看，城镇功能水平对现代服务业就业水平提升起正的响应，即现代服务业就业水平提升对城镇功能水平的提高具有正向拉动作用。从长期来看，现

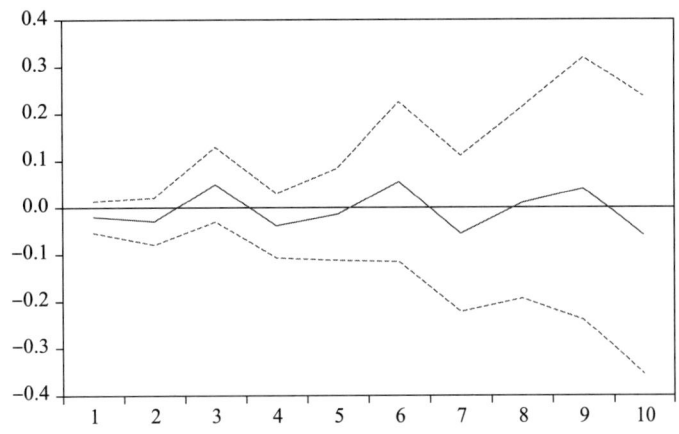

图 5-5　城镇功能提升水平对现代服务业就业水平的响应

代服务业就业水平提升对城镇功能水平的提高作用逐渐减弱。

5.3.7 方差分解分析

本书运用方差分解技术分析了城镇功能提升水平、现代服务业产出水平、现代服务业就业水平三个变量间的贡献率，如表5-6所示。

表5-6 方差分解结果

时期	LMS方差分解			LUR方差分解			LOE方差分解		
	LMS	LUR	LOE	LMS	LUR	LOE	LMS	LUR	LOE
1	100.00	0.00	0.00	10.65	7.73	81.62	55.86	44.14	0.00
2	93.74	1.57	4.69	11.27	19.07	69.66	25.82	18.98	55.19
3	93.19	2.12	4.69	9.99	39.78	50.23	23.63	21.71	54.66
4	86.44	2.15	11.41	7.92	37.08	55.00	18.48	29.84	51.69
5	84.61	4.20	11.19	7.20	32.51	60.29	14.32	33.64	52.04
6	80.04	9.53	10.43	8.61	39.50	51.89	13.49	31.31	55.20
7	72.10	9.93	17.97	7.97	44.90	47.13	12.02	30.36	57.62
8	68.58	11.43	19.99	7.68	40.59	51.73	11.21	37.88	50.90
9	63.98	17.49	18.53	9.04	39.39	51.58	10.48	38.64	50.88
10	59.05	19.42	21.52	9.14	44.74	46.12	10.24	34.22	55.53

由表5-6的现代服务业产出水平的方差分解结果可以看出，现代服务业产出水平对自身的提升冲击越来越小，但始终占据主导地位，保持在50%以上，城镇功能提升水平和现代服务业就业水平对现代服务业产出水平提升冲击呈上升趋势，并且两种上升趋势也趋于同步。从城镇功能提升水平的方差分解结果可以看出，城镇功能提升水平的波动主要来自现代服务业就业水平，其贡献率高达40%，但趋于下降。现代服务业产出水平对城镇功能提升水平的贡

献较小，不足 1%。目前看来，现代服务业产出水平对于城镇功能提升水平的促进作用较小，这可能与现代服务业就业门槛高有关。现代服务业就业水平对自身的提升冲击呈现迅速上升的趋势，第 10 期达到 50% 以上，同时，城镇功能提升水平和现代服务业产出水平对现代服务业就业水平提升冲击呈下降趋势，尤其是现代服务业产出水平的下降较为明显，下降幅度达到 50%，说明服务业就业水平逐渐提高自身质量，进一步带动就业水平的提高。

5.4 小　结

综合以上结果可以看出，兵团现代服务业和城镇功能提升之间存在长期均衡关系。

从短期来看，根据方差分解结果及脉冲响应可知，现代服务业就业水平对城镇功能提升的贡献率大，提升效果显著，说明现代服务业就业水平可以有效地带动城镇功能的提升；城镇功能又反作用于现代服务业发展，提升效果较为明显，说明两者互相促进，共同进步，带动兵团整体发展。现代服务业产出水平对城镇功能的提升作用在短期较小甚至有一定的抑制作用，主要的原因可能是兵团现代服务产值不高，还没跨过对城镇功能起提升作用的门槛。

从长期来看，根据脉冲响应函数分析，两者相互提升效果有所减弱，主要由于影响两者的因素还包括很多，本书只是研究两者间的关系，并未过多考虑其他因素，在长期发展过程中，其他因素的影响也将逐渐加大。

第6章 国内外经验及对兵团的借鉴

6.1 国外经验

服务业发展于工业革命到第二次世界大战期间,于20世纪80年代时期确立。而在20世纪70年代左右,服务经济在全球范围内飞速发展,欧美等国家已形成了以现代服务业为主流的经济体系,同时也逐渐取代了其他农业、工业等产业的核心,成为一个国家的核心产业链。现代服务业的飞速发展也带动了经济的发展,就业机会大幅提升,因此,现代服务业的发展在某种程度上说明了一国经济的发展程度。

6.1.1 美国现代服务业发展现状及经验

20世纪90年代,美国充分利用经济全球化的贸易自由化、生产国际化、资本全球化和科技全球化的四大优势,及时发现现代服务业的发展前景,飞速发展现代服务业,因为优先发展,所以美国的现代服务业领先于世界。

美国目前是全球最大的服务业进出口大国,服务业非常发达,在其国民经济中占据了最大的比重,全国3/4的劳动力都在从事服务业。美国拥有丰富的矿产资源,其中包含了黄金、煤油等其他国家必要的稀有资源,然而很多其他能源的供给都依赖于外国进口。在美国中西部的大平原地区有着惊人的农业产量,因此,美国有"世界粮仓"的美誉。美国的旅游业在世界上赫赫有名,在世界排名第三位。其他产业的支撑使美国的服务业发展迅速,成为世界的领先国家。

美国的服务贸易出口量和进口量之大,在世界占据了一席之地,也体现了美国现代服务业的发展迅速。美国对外最大的服务业出口国家是欧盟,接下来是日本、加拿大等国家。美国的服务业出口形式分为两种:一种是直接出口,另一种则是间接出口。直接出口是指直接向其他国家输出劳动人员和服务,比如旅游业、运输业等;间接出口是指在国外成立跨国服务的机构和提供银行、保险、餐饮、广告和文娱等服务。随着经济的发展,美国间接服务业的出口所占的比重早已超过了直接服务业的出口。

美国服务业发展经验:

(1)美国政府对服务业的管理。

美国的服务业部门受政府的严格管理。据统计,美国政府对近乎一半的服务业有严格的管理制度,而对服务业提供的服务也约占美国服务业总值的20%,所以美国政府对服务业的管理更加直接便利。例如,美国对服务业管理范围包括运输业、通信业、银行业和保险业等。管理最有效的办法是美国政府限制服务业的收费尺度,限制服务业随意地进入和退出市场。政府的严格管理使美国的服务业能够得到有序的发展。由于美国的管理使城镇的聚集,可以缓解地少人多的矛盾。

(2)美国对人才的培养。

一个国家经济的发展程度很大地依赖于人才的素质。现代服务业市场竞争也等同于高素质人才的竞争。美国现代服务业迅速发展,很大程度上得益于高素质高质量的人才的能力,人才对于现代服务业的发展有着至关重要的作用。美国高校林立,是世界一流大学的聚集地,大学的整体实力远超世界其他的国家。美国政府与高校联合合作,为发展美国的现代服务业而培养了大批高素质的人才。并且从国外吸引大批人才赴美进修,为经济发展起到了促进作用。城镇的建设离不开劳动力,城镇的发展更需要劳动力,而且随着城镇的不断发展,越来越多的人才来到了美国生活和定居,从而有效地缓解了美国人才与现代服务业不对等的现象。与此同时,美国的城镇也为下岗职工提供了就业场所,这些人才的上岗会为城镇建设努力奋斗,从而促进城镇的繁荣。

(3)科技发达、科研水平处于世界领先地位。

美国基础的科技和科学研究实力雄厚,从诺贝尔奖获得的情况来看,生理学和医学、物理学和化学涵盖了其自然科学研究的主要内容。生物技术、信息产业、航空航天业和先进制造业等领域发展快速,在世界占据了一流的地位。美国的发展具有世界领先的产业竞争力、技术创新的最高水平、高度关注标准的制高点,为美国经济的繁荣奠定了基础。科技和科研的带动使城镇加快了向服务业的转型。城镇的发展,会不断产生依托当地资源而产生的"特色企业",这些企业反过来作用于大城市,会不断促进大城市经济的发展,而且会带动更多的科技和科研革新,带动人才参与到城镇的发展中,从而加快现代服务业的发展速度,保证现代服务业的可持续发展。

6.1.2 欧盟现代服务业发展现状及经验

欧盟是由欧洲共同体发展而来的,创始成员国有6个,分别为德国、法国、意大利、荷兰、比利时和卢森堡,该联盟目前拥有28个会员国。欧盟是世界上经济最发达的地区之一,是世界上最大的服务贸易经济区。欧盟的诞生使欧洲的商品、劳动人员、资本等的自由流通,促进了现代服务业的成长,使欧洲的经济增长速度快速提高。而且随着欧盟版图的进一步扩大,欧盟的经济实力也将进一步增强,特别重要的是,欧盟新加入国家正处于经济发展阶段,其拥有更大的市场,再加上欧盟相对宽容的对外发展合作互助政策,对世界其他国家的经济发展特别是发展中国家至关重要。

2004年,欧盟服务贸易值达到6.75万亿美元,占全球的24%。2005年,欧盟服务贸易占全球服务贸易总额的46%。据欧洲统计局2018年8月10日消息,欧盟自20世纪80年代以来就已经出现了转向服务经济的长期趋势。2000年,服务业就业率达到了欧盟总就业人数的66%,而到了2017年,服务业就业率则达到了欧盟总就业率的74%,17年间,服务业的就业率增加了8%,可见欧盟服务业的发展之迅速。而同期工业就业人数占比从26%下降到了22%,农业从8%减少到了4%。在欧盟成员国中,荷兰、英国、比利时、马耳他、法国、丹麦、塞浦路斯和卢森堡的服务业就业人数均占总就业人数的80%以上。

欧盟服务业发展经验:

（1）合理进行商业规划。

欧盟国家非常重视商业版图的规划，更加重视商业片区的规划。例如，英国政府把这项工作作为促进城市经济、社会和商业本身健康、协调、可持续发展的首要手段。在1993年7月，颁布了《城镇中心和零售发展规划指导方针》；1996年6月，英国对此政策进行了重新修订；2003年，将其修订为《城镇中心规划政策》，对零售、交通、旅游、休闲等使用土地均做出规定。根据规定，无论是商店店面大小还是商店所经营的物品种类都需要符合规划。在商业网点规划及设施建设过程中，英国的相关规划部门既要考虑商业网点对城镇中心的活力和生命力的冲击，又要充分考虑对环境的影响，考虑交通承受能力的问题，保证交通的畅通。交通在商业网点的分布中起着非常重要的作用。交通和基础设施的投资建设和分布要注意分散，如英国各个地区乃至乡村都有便利的交通通信网络和商业网点。合理规划使以国家发展较好的城市为依托，增强服务业集聚辐射功能，同时可以促进周围城镇功能的提升。从国家中心城市发展、崛起的经验来看，城市的服务业转型发展都是在创新中谋求新生和发展，在激烈的区域竞争中抢先形成具有核心竞争力的服务功能。因此，要带动周围城镇的发展，加快提升城镇功能、把城镇的发展成为对全球最优秀人才、最卓越企业、最有价值的市场和要素具有吸引力的重要平台和载体。

（2）金融资金的支持。

目前，伦敦是世界三大金融中心之一，在面积仅为2.6平方千米的伦敦金融城内聚集了大量银行、证券交易所、黄金市场等金融机构。伦敦金融城始于公元43年，期间经历过许多难以磨灭的变化，尤其是1665年暴发的瘟疫和1666年突如其来的大火带来的毁灭性灾难。然而，在此之后，伦敦市很快恢复，同时发展迅速。在工业革命之前，伦敦已成为世界首屈一指的金融中心，而伦敦市是金融中心的核心，大多数金融机构都集中在那里。然而，"二战"后英国自身经济的衰退以及伦敦金融城的银行家们不愿改变他们的传统做法，加上其他金融中心的兴起，导致伦敦的国际地位下降。但是，由于伦敦金融城内深厚的国际银行业务的基础，以及在长期操作过程中积累的信用和专业知识相结合的经验使它在20世纪60年代以后，恢复了其金融中心的领导地位。有了强大的金融后盾的支持，使欧盟现代服务业发展迅速，处于世界的领先地位。欧盟虽然地表面积宽广，但城市较为集中，以城市带动城镇，给予城镇更多的资金支持，使依托城市的发展，城镇功能提升了一个档次。

（3）大力发展自有品牌。

在欧盟的经济中，现代服务业的商贸非常注重国有品牌的创新，其中，英国是欧盟中服务业商贸品牌中占有品牌数量最多的国家。因为欧盟自有品牌的创立，所以欧盟在这方面获得了较高的品牌收益。现代服务业能直接面对广大的消费者，可以精准地把握市场需求特点及其变动趋向，从而能根据消费者的需求特点来设计、开发、生产、制造商品，这样就使自有品牌的商品更能快捷地符合市场的需求，领先一步，在市场竞争中处于先发制人的有利地位，把握竞争的主动权。最终提高欧盟现代服务业的收益，使欧盟的现代服务业获得了更好的发展。许多代购和跨国电商的发展，使购物成了一个普遍的现象，因此，在城镇构建一个国际购物天堂，以人们对购物的欲望来促进城镇功能的提升。同时"以国际美食之都"为品牌，大力推进饮食类产业发展，开展餐饮名店、名菜认定和推广，传承弘扬餐饮"老字号"；提升美食之都形象品牌，举办一系列美食主题活动，并参加联合国的美食之都城市交流系列活动，吸引大量游客来城镇旅游，促进消费，也是一个促进城镇发展的较好方法。

6.2 国内经验

现代服务业是起源于第三产业中的一个含义，最早是在1997年7月党的十五大报告中提出的。根据国家统计局在1985年《关于建立第三产业统计的报告》中，将第三产业划分为四个方面：第一个方面是流通部门，主要为运输业；第二个方面是为生产和生活服务的部门，主要是以金融业、旅游业等为主；第三个方面是为了提高科学文化水平和居民素质而服务的部门，主要是教育、文化等类型的服务业；第四个方面是为社会公共需要而服务的部门，包括国家机关等国家重要的部门。不同于早先的服务业，基于时代潮流变化的要求，现代服务业也随着技术的发展而兴起。

中国现代服务业市场的前景是非常光明的。自1930年引发西方大萧条的金融危机以来，制造业和农业发展一直停滞不前，然而，现代服务业的发展迅猛，增长速度非常快。再加上政府的高度重视，出台了扶持现代服务业发展的政策，把现代服务业提升到了很高的地位。

6.2.1 北京市现代服务业发展现状及经验

以北京市为研究对象，近年来，北京市现代服务业继续深化供给侧结构性改革、积极转型升级、培育新动能、走高质量发展之路，并取得了一定成效。北京市现代服务业总体发展呈现稳定水平，现代服务业的收益稳步提升。目前，北京市现代服务业整体呈现稳中有升运行态势，根据初步计算，2016年，金融业成为北京市第三产业中的第一大行业，其增加值为974.1亿元，比上年增长15.1%，占服务业总增加值的17.5%，北京市地区生产总值的12.4%；批发和零售业的增加值为751.9亿元，占服务业总增加值的13.5%，占北京市地区生产总值的9.6%，在北京市第三产业中位居第二；以信息传输计算机服务和软件业等为主的社会服务业增加值为688.5亿元，占服务业总增加值的12.3%，占北京市地区生产总值的8.7%，成为北京市第三产业中仅次于金融业和批发零售业的第三大行业；房地产业、交通运输、仓储和邮政业增加值分别为559.8亿元、458.3亿元，分别占服务业增加值的10%、8.2%，成为北京市第三产业中第四、第五大行业；租赁和商务服务业，科学研究、技术服务和地质勘察业约占7.4%。北京市服务行业内部发展不平衡，结构有待于进一步调整。尽管在多个行业共同发展的情况下，现代服务业还是在北京市所有行业中占有比较重要的比重。

北京市服务业发展经验：

（1）结构不断优化。

从区域发展的角度来看，"一核一主、一辅、两轴、多点、一区"更明确地界定了区域功能定位，并初步出现了集约化发展的成果。例如，2018年第一季度，北京市"一核一本"以上服务法人的单位收入及其比重逐年下降，而"多点"以上服务法人的单位收入保持在10%以上；全市比例上升1.7个百分点。自改革开放以来，现代服务业快速发展，促进全市产业结构向合理化方向演变，产业结构日趋合理成为吸纳劳动力就业的主渠道和地方财政收入中最主要的税源。服务业的结构不断优化，产业经济逐渐形成一定的规模。城镇功能提升的作用，在一定程度上可以促进所有制结构的战略性转变，让北京市的结构优化速度加快。城镇建设的重点就是市场建设，市场的活跃，会激励个体、团体经济组织从事私营、联营、股份合作等形式的经济活动，从而促进非公有制经济不断发展，实现所有制结构的战略性转变。

（2）引入新动能。

新增市场主体为服务业发展提供了新的动力，据北京市工商局数据显示，2018年第一季度，北京市新设企业中第三产业企业占比达到93.9%，日均新设企业接近400个，其中，信息传输软件和信息技术服务业、科学研究等生产性的服务业新增企业在所有新设的企业中占比近乎50%以上的数量。

服务业经济发展态势优良。随着"互联网+"战略实施，"大众创业、万众创新"蓬勃发展，市场活力不断激发，服务业动能转换持续推进，数字经济、共享经济等已经成为全市经济增长的新动力、新引擎，互联网科技企业和实体经济融合发展已经成为经济发展的新亮点、新趋势。北京市产业结构的成功升级，吸引了大量外来劳动力涌向北京，北京市发展的示范效应，使其大量吸纳了资金、技术、人才和新能源，将这些资源合理分配到离北京最近的河北省的城镇中。城镇是城市之尾，农村之首，兼有城乡两种职能，是资源流向农村和劳动力流向城市的纽带。例如，雄安新区的设立，不仅是把北京市的优势资源转移到新区的发展之中，更是希望通过建立新区改善河北省工业较多的局面，转向于服务业，以服务业推动城镇功能的提升。

（3）现代服务业发展具有极大的潜力。

北京市现代服务业的商务活动指数继续保持在扩达大区间。近年来，北京市现代服务业的经营活动指数较上月有所上升，并在扩大范围内保持了稳定快速的增长态势。企业对现代服务业未来发展预期整体良好。企业生产经营未来前景状况调查显示，被调查的现代服务业企业对本企业和现代服务业经营状况持乐观向上的态度。在互联网经济蓬勃发展的带动下，现代服务业对投资的吸引力不断加大，行业发展后劲比较充足。北京市信息传输、软件研发和信息技术创新等服务业固定资产投资不断增加。

6.2.2　上海服务业发展现状及经验

上海是中国最大的经济、金融中心城市，1949年后，上海的经济开始了飞速的发展。在社会主义建设和改革开放的巨大转折点时期，上海也面临着经济的巨大改变。上海根据国家经济发展方向，从实际出发，在1956年和1992年对产业结构进行了两次大的调整，推动了上海经济的发展，对产业结构转型起到了积极作用。1978年2月，党的十一届三中全会确立改革开放的战略决策，上海迎来了经济发展的新阶段。上海经过两次成功的产业结构转型后，上海从原来以第二产业为主的"第二产业、第三产业、第一产业"的顺序转向了以第三产业为中心的"第三产业、第二产业、第一产业"顺序的产业结构。目前，上海在现代服务业方面积极推动其发展，使上海的经济更上一层楼，更好地发挥着经济中心的作用。传统服务业快速朝着现代服务业多元化、信息化发展，现代服务业逐渐成长为上海经济的支持性产业。

在第三产业中,以金融、航运中心为重点,以教育为辅,积极调整服务业。上海既是世界著名的金融中心,也是全球人口规模和面积最大的经济繁荣城市之一。2017年,上海实现地区生产总值30133.86亿元,比上年增长6.9%,增速与上年持平。其中,第一产业增加值98.99亿元,下降9.5%;第二产业增加值9251.40亿元,增长5.8%;第三产业增加值20783.47亿元,增长7.5%。第三产业增加值占上海生产总值的比重为69.0%。由此可以看出,第三产业在经济发展中现代服务业逐渐取代其他行业而占据了更加重要的地位。近年来,上海在全球服务业的地位不断攀升,目前,股票成交量已跃居全球前三,黄金期货成交量位居全球第一,集装箱运输量达全球第一,这些无不体现了上海自转型后服务业的蓬勃发展。

上海服务业发展经验:

(1)定位高端服务业。

现代服务业的特点已经成为一个城市的特色,一个城市在国家扮演什么样的角色,就决定了它的服务业究竟具有什么样的特色。上海是我国最大的经济中心城市和重要的港口城市,2001年5月,国务院在对《上海市城市总体规划》回复中指出,上海不但要成为一个"经济繁荣、社会文明、环境优美的国际大都市,国际经济、金融、贸易、航运中心之一",而且要推进产业结构的转变,定位于高端的服务业行列。围绕着国家对于上海发展的美好期愿,近年来,上海大力发展现代服务业,服务全国乃至东亚、东南亚等地区。上海的辐射作用,可以壮大城镇的经济规模。以上海现代服务业的示范辐射,使城镇逐步向城市化过渡,从而缩小了差别,城镇的二三产中服务业比例会越来越大,各种集体经济组织也将相应产生。这样，集体积累逐步增加，为城镇各项事业的发展奠定了经济基础。

（2）发展绿色节能服务业。

上海一直以"加快绿色发展，建设美丽中国"为目标发展现代服务业，目前上海已有备案德尔节能服务公司 285 家，累计实施合同能源管理项目 1300 多个，节能超过了 60 万吨标准煤，大大减少了煤废渣及二氧化碳等对上海环境的破坏，节约能源、降低能源消耗、减少污染物排放。通过多种活动，向民众普及节能低碳、绿色发展的知识，提高公众节能环保的意识，树立节能减排的绿色低碳理念，努力推动上海节能低碳、绿色发展工作不断有新的发展。当节能减排和服务业的相互结合容纳，使上海服务业在国家的支持下得到了更进一步的发展。

（3）注重创新。

上海一直是改革发展的前沿、创新的前沿，敢于创新才有新的出路，创新一直是上海快速发展的经验之一。如今上海把现代服务业已经发展到了一个新高度，如果想进一步发展经济，必须要有创新，只要有了创新，按此轨迹发展，就能占据新时期经济发展的先机。例如，海尔集团这些年来不断创新产品，创新管理，成为一个具有国际竞争力的制造服务业的企业，实现了物流"零库存"，用户"零距离"。这既是各类企业创新立异的结果，也是制造业与服务业互助共赢的结果。城镇的载体作用，可以促进乡镇企业发展。城镇是乡镇企业发展的载体，蕴含着巨大的经济潜力，乡镇企业借助城镇这个支点，立足于农村这片沃土，得以蓬勃发展，而城镇又借助上海这个支点，立足于城镇这片土地，得以快速发展。随着技术的不断革新，资金的不断滚动，人才的不断更替，城镇将会显示出强大的生命力。

6.3 对兵团的借鉴

6.3.1 合理利用机遇，促进区域协调发展

目前，兵团服务业的发展恰巧有五个机遇，一是党的十八届三中全会、十八届四中全会、十八届五中全会带来的改革红利；二是宏观政策机遇；三是在"一带一路"倡议中丝绸之路经济带核心区建设所带来的投资机遇；四是兵团在新疆发展稳定大局中具有重要的战略地位，兵团的特殊安全防范作用也更加凸显，特别是兵团向南发展战略实施以来，政府高度关注新疆和兵团的发展与稳定；五是消费需求增长而带来的发展机遇。我们在把握机遇的基础上，还需要大力推进兵团向南发展战略，将兵团嵌入南疆空白点，减少空白点的存在，促进兵团内部区域之间的协调发展。

深刻认识兵团现代服务业的发展机遇，意识到现代服务业的发展已经成为不可挡之势，认识到现代服务业在兵团中存在的重要地位与发展前景。从外部环境来看，兵团处在丝绸之路经济带建设核心区，发展服务业的机遇十分充足；从内部发展来看，兵团"三化"建设加速推进，为挖掘现代服务发展潜力开辟了广阔空间，只要通过政策创新、制度创新和发展模式创新，营造良好的发展环境，激发市场和企业活力，深化各产业间的融合，促进区域之间的协调发展，兵团现代服务业必定大有作为。

6.3.2 引进高素质人才，提升人口集聚能力

现代服务业的进步，经济的发展，关键在于人才。高素质人才是社会活动的核心，是实现经济体制和经济增长方式两个根本转变的关键。21世纪将是一个飞速发展的全新时代，没有高素质的人才就适应不了时代飞速发展的需要。当前中国已经迎来了科技迅猛发展，知识经济初露端倪的时代，已经进入世界范围的竞争，需要具有高素质的人才参与这场同发达国家的竞争。社会生活是处在不断发展的过程中的，推动社会向前发展的动力来自高素质的人才，年青一代应该成为中坚力量，具有时代精神的青年应该努力完善自己，不断提高自己的综合素质，使自己成为一个有较高素质的人才。

兵团应该与内地高校建立良好的合作关系，通过高校源源不断地将内地人才注入兵团，为兵团现代服务业发展源源不断地注入新鲜血液，同时应给予内地高素质援疆人才更多的支持和优惠措施，使其在兵团工作时无后顾之忧，能全身心地投入兵团发展。同时，应当积极鼓励内地居民移居兵团生活，不断提升兵团人口集聚能力，为兵团的发展尤其是现代服务业的发展增添色彩。

6.3.3 建设特色小镇，推进产城融合发展

截至目前，兵团共有特色小镇4个，分别是第一批特色小镇第八师石河子市北泉镇、第二批特色小镇第一师阿拉尔市沙河镇、第三师图木舒克市草湖镇和第二师铁门关市博古其镇。4个特色小镇

均是兵团农业现代化技术集成与管理模式的典型代表，农业作为基础产业，带动着二三产业发展。兵团特色小镇的培育与建设必须依托原有的城镇体系，城镇建设要因地制宜，开发一批城郊卫星型、旅游观光型、区域中心型、农副产品加工型等各具特色的兵团城镇。除此之外，兵团特色小镇建设应当根据当地的资源环境综合承载力，树立绿色的发展理念，围绕新疆社会稳定与长治久安总目标，推进兵团特色小镇可持续发展。

特色小镇的可持续发展，取决于产业的发展以及产城的融合程度。即产业的升级、一二三产业融合、产业链条的延伸、新型产业的开发、品牌推广等是特色小镇具有生机活力的关键。没有产业的支撑和一定的营利模式，小镇是无法实现可持续发展的。因此，特色小镇建设必须坚持产业优先，以培育产业为核心，优化产业空间布局，进一步提升产业集聚效应、提升产业的差异化优势并构建特色产业体系，从而实现兵团新型城镇化和新型工业化的协调发展。城镇化建设为实现兵团产业（企业）集聚效应提供空间支撑，产业结构转型升级为兵团城镇化发展提供有力经济支撑，通过产城融合不断助推兵团城镇化各项功能的完善与建设。随着城镇功能的不断完善与非农产业的进一步发展，城镇吸纳劳动力的能力逐渐增强，人口集聚能力也将得到明显提升。

6.3.4 推动旅游业，塑造精品品牌

随着兵团旅游及相关产业整合的大力推进，形成了一系列符合季节特征的旅游新产品和新形式，如休假养生、户外运动、生态观光、采摘等，迎合了旅游者的需求，从而提高了旅游产品的质量，

丰富了旅游者的体验。同时，兵团各师在节假日开展丰富多彩的节庆活动，在展示当地旅游资源独特魅力的同时，促进了当地经济发展。例如2017年，兵团制定了《兵团乡村旅游发展规划》编制方案，在南疆地区和边境农场累计投资推广了27亿元文化旅游项目。其中，十师一八五团白沙湖景区被批准为兵团首家国家5A级旅游景区，唐庭霞露葡萄酒等4个品牌获评2017年中国品牌旅游商品。

6.3.5 创新商业模式

创意和创新是企业发展的根本，创新的"服务"理念是一个企业的核心竞争力，对商家来说，要做品牌，要把顾客价值内化为企业价值。对兵团而言，要以兵团历史文化底蕴为支持，创新一些更具兵团特色的商业模式，使之成为兵团的代言者。兵团应出台相应的政策来鼓励兵团创新，创造支持创业、创新引领、创业光荣的理念，树立更多更好的创新创业先进典范，努力营造良好的创新创业氛围，形成制度激励创新创业、社会支持创新创业、高层次人才勇于创新创业的新机制，进而为兵团现代服务业的良好持续发展、为兵团城镇功能的不断提升创造条件。

第7章 研究结论及对策建议

7.1 研究结论

首先，对城镇功能提升与现代服务业的国内外相关研究进行梳理并剖析，为本书的顺利开展奠定前提基础。其次，对现代服务业发展支持城镇功能提升的理论层面进行了探讨，明确了现代服务业支持城镇功能提升的作用机理。再次，通过相关数据对兵团现代服务业发展和城镇功能提升的现状进行描述，探寻兵团现代服务业和城镇功能提升发展过程中可能面临的问题；同时，借助VAR模型、脉冲响应函数以及方差分解对兵团2000~2017年现代服务业发展对城镇功能提升的绩效进行定量测评。最后，依据前文研究，借鉴国内外相关经验，提出城镇功能提升视角下促进兵团现代服务业的对策建议。根据研究得出以下结论：

第一，从整体来看，兵团现代服务业发展对城镇功能提升具有一定的促进作用，兵团现代服务业可以通过金融业、房地产业、信息传输、计算机服务和软件业、租赁和商业服务业、科学研究、技

第 7 章 研究结论及对策建议

术服务和地质勘察业、水利、环境和公共设施管理业、教育、卫生、社会保障和社会福利业、文化、体育与娱乐业等现代服务业的发展来促进城镇功能的提升。

第二，从兵团现代服务业发展情况来看，综合而言，兵团的现代服务业发展水平不高；兵团金融业的发展对现代服务业的发展起着重要作用；房地产业对兵团现代服务业的发展起着持续稳定的推动作用，但其贡献值呈稳步下降趋势；兵团信息传输、计算机服务和软件业的发展较为滞后，虽然维持着增长态势，但其发展速度逐渐落后于其他现代服务业发展速度；租赁和商务服务业的基础薄弱，但其发展动力十足，发展势头良好，发展效果显著；科学研究、技术服务和地质勘察业的发展对现代服务业的发展起着持续稳定的推动作用；兵团水利、环境和公共设施管理业的发展较为稳定，但其对现代服务业的贡献略有下降；教育行业增加值对现代服务业发展的推动作用仅次于金融业和房地产业，在现代服务业的发展中起着不可或缺的作用；卫生、社会保障和社会福利业的发展较为稳定；兵团文化、体育与娱乐业对兵团现代服务业的贡献值呈上升趋势，说明其对兵团现代服务业发展起着越来越重要的推动作用。

第三，从兵团城镇功能各构成层面情况来看，兵团在岗职工平均工资增长速度普遍高于新疆及全国在岗职工平均工资；兵团城镇市政公用设施功能不断健全完善，有效地改善了城镇居民的生产生活条件，增强了城镇的产业和人口聚集功能；兵团第三产业发展迟缓，与全国平均水平差距较大，与现代经济结构也有较大的差距；兵团批发和零售业占 GDP 比重不断上升，且高于新疆的水平，但低于全国平均水平；兵团交通运输仓储和邮政业占 GDP 比重不断上升，接近于新疆水平，但仍低于全国平均水平；兵团人均社会消

· 151 ·

费品零售总额与全国人均消费品零售总额占 GDP 比重总体上趋于一致,高于新疆的水平;兵团生活垃圾无害化处理能力与新疆及全国生活垃圾无害化处理能力差距较大;在创新能力方面,兵团的 R&D 经费支出过低,对兵团科技创新的支持力度较小,但兵团的经费投入力度不断增大,创新能力提高较为明显;兵团科教投入严重不足,还有很大的提升空间。

第四,兵团现代服务业发展促进城镇功能提升情况。从短期来看,兵团现代服务业产出水平提高对城镇功能水平的提升具有抑制作用,根本的原因是兵团现代服务业产出水平过低,还没跨过其对城镇功能起正向提升作用的"门槛",而现代服务业就业水平提高对城镇功能水平的提升具有正向拉动作用;城镇功能水平提升对兵团现代服务业产出水平和就业水平均具有正向拉动作用。从长期来看,现代服务业产出水平对城镇功能具有一定的提升作用,但呈现波动状态,而现代服务业就业水平的提高对城镇功能水平的提升作用逐渐减弱;城镇功能水平提升对兵团现代服务业产出水平和就业水平的提高作用逐渐减弱。

7.2 城镇功能提升视角下兵团现代服务业发展对策建议

7.2.1 大力发展兵团经济,提高兵团现代服务业产出能力

经济理论表明,现代服务业的发展将极大地促进城镇功能提

升,相关研究也显示,全国层面及东部地区的情况符合经济理论,但兵团现代服务业产出能力没能显著地促进城镇功能提升,短期内甚至是一种削弱作用,原因之一就是兵团的经济实力落后,现代服务业产值过小,还没跨过对城镇功能起提升作用的"门槛",加上兵团的市场化程度较低,就出现了促进作用不显著或阻碍作用的局面,所以今后首先要做的是积极提升兵团的经济整体水平,贯彻落实兵团向南发展战略,大力发展现代服务业,努力使兵团现代服务业产出能力早日跨过提升城镇功能的"门槛"。

7.2.2 优化兵团现代服务业内部结构,不断增强其提升城镇功能的能力

继续保持传统服务业的发展,让其在促进就业、提高收入等方面继续发挥对城镇功能提升的强大作用。与此同时,加速保质保量地发展现代服务业,相比传统服务业而言,现代服务业创造的经济附加值能有效提高兵团劳动力的就业率,由于兵团地处祖国西北边陲,经济欠发达,难以引进高科技人才,因而信息科研产业和金融业等现代服务业的重点产业在兵团发展相对滞后。因此,兵团要提高服务质量,从根本上加速现代服务业的发展,创新服务模式,为客户量身订造合适的服务内容,打造完整的服务体系,同时,细化服务产品,有针对性服务客户,防止客户流失,实现服务的产业化发展;此外,兵团可以利用其特色的民族风情,发展特色服务业,一方面可以促进服务行业的创新化发展;另一方面可以带动兵团的旅游业繁荣,进而促进城镇经济的发展,实现城镇功能的提升。

7.2.3 合理利用政府政策性扶持资金，增强兵团城镇功能自我提升能力

分析结果中出现兵团现代服务业产出水平对城镇功能的提升作用不显著甚至是一种削弱作用的另一个原因，是政府对兵团这个欠发达经济区城镇功能建设给予了大量的政策性扶持资金，而这种资金能绕过现代服务业的发展，直接促进城镇功能的提升，在短期内这种做法非常有效，但如果现代服务业的发展长期跟不上城镇建设的步伐，一旦政策性扶持资金不足或断流，城镇功能的提升状态就会急速回落甚至恶化。所以从长远考虑，政府资金的投入更应该倾斜于现代服务业领域，使现代服务业成为城镇功能提升的主要推动力，提高兵团城镇功能自我提升能力。

7.2.4 大力培育知识型人才，完善人才区域流动机制

由分析结果可知，现代服务业就业水平的提高对兵团城镇功能的提升起着积极的推动作用，所以兵团应拓展就业渠道，扩大现代服务业就业水平。现代服务业具有高知识含量的特性，兵团亟须加强人才培养，提高就业人员的知识水平和技术能力，为现代服务业的成长注入活力。由于教育的准公共品的性质，政府在加大教育投入的同时应实施资源配置的区域倾斜政策，加大对兵团这类教育落后地区的财政支出和教育援助，提高兵团的教育水平，为培养知识型人才奠定基础。我国目前的状况是东部地区人才过剩，而西部地区的人力资源严重不足，相关研究也表明，东部地区现代服务业

就业水平对城镇功能的提升作用小于中部及西部地区，而且其产出弹性处于递减状态，而中部及西部地区的就业产出弹性处于递增态势，所以国家应完善人才区域流动机制，鼓励和引导东部地区富足的知识型人才向中西部尤其是向兵团地区转移，实现人力资源的产出最大化。与此同时，还需要坚持集聚人口的政策导向，深化户籍制度管理改革，将人口和就业指标纳入师团绩效考核范围，引导和推动各单位通过深挖农业潜力、厚植城镇势能、强化产业动能，加快集聚和壮大人口规模，实现常住人口和户籍人口双增长，让更多的人才流向兵团、留在兵团、建设兵团。

7.2.5　大力推进市场化进程，积极优化兵团现代服务业发展的外部环境

现代服务业市场存在较多的准入规则，并且现代服务业企业大多为国有企业，在兵团这个现代服务业相对较弱的地区更加显著，这便形成了在现代服务业的很多领域存在较为明显的竞争不强现象。为了激发现代服务业发展活力，兵团应该加强推进市场化进程，逐步地、有条理地、在风险可控的前提下鼓励民间资本和外国资本进入兵团现代服务业领域，而在这一过程中应积极引进先进的现代服务业技术，同时，在政策制定上要维持良好的市场秩序，为兵团的现代服务业发展创造良好的市场环境。

服务业的发展离不开良好的外部环境的支持。首先，兵团应继续加大城市基础设施建设投入，为现代服务业的发展提供必要条件，具体可以从城市基础设施着手，完善包括道路、信息网络等方面的设施建设，为现代服务业提供良好的环境。其次，积极营造鼓

励科技创新的环境，应出台一系列支持技术创新的政策，对技术创新企业在税收等方面给予优惠，尤其是对于一些有创新精神但苦于缺乏资金的中小企业，政策应给予更进一步的支持。同时，在如今大数据、云计算等高新信息技术蓬勃发展的时代，现代服务业也呈现出与这些新兴科技技术结合的大趋势，只有做到与时俱进才能高质量地发展。在持续推进供给侧结构性改革的大环境下，加强现代服务业与新型技术的结合会是优化产业结构、增强服务业发展动力最有力的支撑。最后，优化兵团现代服务业发展融资环境。在经济欠发达的兵团，资金不足是制约现代服务业发展的重要因素。兵团作为"党政军企合一"特殊组织，改善融资环境离不开政府的支持，也要利用各种合理的优惠条件吸引民间资本流入，全方位拓宽企业融资渠道，适度放宽资本准入条件，使资金不断流向兵团现代服务业领域。

7.2.6 扩大现代服务业对外开放水平，加快承接现代服务产业转移

相对而言，我国东部沿海地区的现代服务业对外开放水平较高，但诸如国际会展业、专业商务服务业等还处于相对封闭的较低水平，也没能做到整体开放，东部地区应该进一步扩大现代服务业对外开放水平，在对外开放中学习国外或其他地区发展现代服务业的先进经验；兵团等中西部地区现代服务业对外开放基本处于闭塞状态，应尽快提高兵团在金融、物流、教育及医疗等领域的开放水平，牢牢抓住产业转移的重大机遇，积极承接东部地区及国外成熟现代服务业的转移，努力实现现代服务业地区布局优化，促进区域

城镇功能的整体提升。

7.2.7 贯彻落实兵团向南发展战略，促进区域协调发展

现阶段，兵团在发展的过程当中呈现出"北强南弱"的格局，南疆地区成为兵团发展的薄弱点和空白点，也正因如此，南疆地区在未来具有较为广阔的发展空间。在兵团以后的发展过程当中，应当积极主动地推动兵团向南发展战略，深入推进南疆兵团城镇化建设，以此促进兵团内部的均衡协调发展。对于兵团来说，城镇既是经济发展增长极、建设全面小康"火车头"，又是现代文明聚集地、维稳戍边新堡垒、人口人才"蓄水池"。要突出重点、整合资源、分步推进，构建就近就便嵌入式发展、应急处突的战略布局；要坚持能快则快原则，完成好南疆重点团场的建镇任务和改造提升工作；要补齐南疆城市城镇基础设施和公共服务设施"短板"，进一步完善城市城镇的教育、医疗、文化、信息等公共服务设施。要充分发挥好特色小镇的建设经验，以特色小镇建设推动新型工业化和新型城镇化融合发展，走产城融合发展道路，建设一批具有鲜明特色和无限活力的城镇。

参考文献

[1] Colin Clark, The Conditions of Economic Progress[M].New York: Macmillian & Co.Ltd., 1940.

[2] W. Rosto.The Stages of Economic Growth: A Non-Communist Manifesto[M].New York: Cambridge University Press, 1960.

[3] S. Kuznets. Modern Economic Growth: Rate, Structure, and Spread[M].New Haven Conn: Yale University Press, 1966.

[4] S. Kuznets. Economic Growth of Nations: Total Output and Production Structure[M]. Harvard University Press, Cambridge, Massachusetts, 1971.

[5] Howells, Green, A., Technological Innovation, Structural Change and Location in UK Services[J].Environment and Planning, 1987, 19(05): 575-595.

[6] Crubel, H.G., Waiker, M.A., Modern Service Sector Growth: Causes and Effects[M].Tubingen: Tubingen Press, 1989.

[7] David Gago, Luis Rubalcaba. Innovation and ICT in Service Firms: Towards a Multidimensional Approach for Impact Assessment[J]. Journal of Evolutionary Economics, 2007, 17(01):178-193.

[8] David L. McKee. Services, Growth Poles and Advanced Economies [J]. Service Business, 2008, 2(02): 385-398.

[9] Strauss-Kahn V., Vives X.Why and Where Doheadquarters Move? [J].Regional Science and Urban Economics, 2009, 39(02): 168-186.

[10] Perroux, F. Note Sur la Notion de "Pole de Croissance"? [J]. Economic Appliqee, 1955(2): 307-320.

[11] Friedmann, J.R. Regional Development Policy: A Case of Venezuela[M]. Cambrige: MIT Press, 1966.

[12] Browing, C. Singelman, J. The Emergence of a Service Society[M]. Berlin: Springfield, 1975.

[13] Henderson, J. V. Regional Science and Urban Economics [J].Medium Size Cities, 1997, 27(06): 583-612.

[14] Black, Duncan, and Henderson, J. Vernon. "Urban Growth" [R].Cambridge, 1997.

[15] Chenery H., B. Syrquin. Patterns of Development [M]. Oford: Oxford Uneverstiy Press, 1975.

[16] Singelnann. The Sectoral Transformation of the Labor in Seven Industrialized Countries[J].The American of Journal Sociology, 1978(05): 1224-1234.

[17] Black Henderson. A Theory of Urban Growth [J]. Journal of Political Economy, 1999(23): 4-9.

[18] Daniels P.W., O'Connor K, Hutton T A. The Planning Response to Urban Service Sector Growth: An International Comparison [J].Grown & Change, 1991(02): 3-26.

[19] Harris N. Bombay in a Global Economy-Structural Adjustment and the Role of Cities[J]. Cities, 1995（03）: 175-184.

[20] Simon Kuznets.Economic Growth of Nations[M].Beijing: Commercial Press, 1999.

[21] Yoshima Araki, Katsuhiro Haraguchi, Yumiko Arap, Takusei Umenap. Socioeconomic Factors and Dental Caries in Developing Countries[J]. A Cross National Study, 1997（44）: 1269-2721.

[22] Chang. Gene Hsin and Brada, Josef C., The Paradox of China's Growing Under-Urbanization[J].Economic Systems, 2006（30）: 24-40.

[23] Tiffen M.Transition in Sub-Saharan Africa: Agriculture, Urbanization and Income Growth[J].World Development, 2003, 31（08）: 1343-1366.

[24] Messina. Institutions and Service Employment a Panel Study for DECD Countries Central Bank[J].Working Paper, 2004（03）: 16-20.

[25] Chang. Gene Hsin and Brada, Josef C., The Paradox of China's Growing Under-Urbanization[J]. Economic Systems, 2006（30）: 24-40.

[26] Riddle D. Service-Led Growth: The Role of The Service Sector in World Development[M]. NY: Praeger Publisher, 1986.

[27] 国松久弥.城市空间结构理论[M].东京: 古今书院, 1971.

[28] 周振华.增长轴心转移: 中国进入城市化推动型经济增长阶段[J].经济研究, 1995（01）: 3-10.

[29] 张桂娟. 我国城镇社区服务功能问题浅析 [J]. 边疆经济与文化, 2009（09）: 41-43.

[30] 杨治, 杜朝辉. 经济结构的进化与城市化 [J]. 中国人民大学学报, 2000（06）: 82-88.

[31] 林彰平, 闫小培. 转型期广州市金融服务业的空间格局变动 [J]. 地理学报, 2006（08）: 818-828.

[32] 赵群毅, 周一星. 北京都市区生产者服务业的空间结构——兼与西方主流观点的比较 [J]. 城市规划, 2007（05）: 24-31.

[33] 陈秀山, 邵晖. 大都市生产者服务业区位选择及发展趋势——以北京市为案例的研究 [J]. 学习与实践, 2007（10）: 14-22+1.

[34] 甄峰, 刘慧, 郑俊. 城市生产性服务业空间分布研究: 以南京为例 [J]. 世界地理研究, 2008（01）: 24-31.

[35] 陈前虎, 徐鑫, 帅慧敏. 杭州城市生产性服务业空间演化研究 [J]. 城市规划, 2008（08）: 48-52+65.

[36] 李普峰, 李同升. 西安市生产性服务业空间格局及其机制分析 [J]. 城市发展研究, 2009, 16（03）: 87-91.

[37] 马海倩, 陶纪明, 甘春开, 刘平, 雷新军, 丁国杰. 上海发展生产性服务业与制造业外包问题研究 [J]. 科学发展, 2009（08）: 78-90.

[38] 朱彩凤. 现代服务业对国民经济的贡献研究 [D]. 北京: 北京邮电大学, 2009.

[39] 闫星宇, 张月友. 我国现代服务业主导产业选择研究 [J]. 中国工业经济, 2010（06）: 75-84.

[40] 任英华, 游万海, 徐玲. 现代服务业集聚形成机理空间

计量分析[J].人文地理,2011,26(01):82-87.

[41] 卫海英,骆紫薇.现代服务业技术效率区域差异的实证分析[J].商业经济与管理,2012(01):73-84.

[42] 刘辉,申玉铭,王伟,邓秀丽.北京金融服务业集群网络特征及影响因素[J].经济地理,2013,33(01):131-137.

[43] 丁正山,王毅,尚正永,李亚儒,宋晓雨,常夏洁.乡镇生产性服务业空间集聚特征研究——以江苏省常熟市为例[J].地理科学,2014,34(08):938-945.

[44] 崔大树,杨永亮.长三角城市群生产性服务业空间分异特征研究[J].改革与战略,2015,31(01):135-141+146.

[45] 李佳洺,孙铁山,张文忠.中国生产性服务业空间集聚特征与模式研究——基于地级市的实证分析[J].地理科学,2014,34(04):385-393.

[46] 陈红霞,李国平.中国生产性服务业集聚的空间特征及经济影响[J].经济地理,2016,36(08):113-119.

[47] 张贺.东北三省服务业集聚与资源整合——基于区位熵视角的分析[J].哈尔滨商业大学学报(社会科学版),2017(04):109-119.

[48] 贺小丹.京津冀高端生产性服务业集聚形成及效应分析[J].首都经济贸易大学学报,2017,19(03):64-70.

[49] 陈红霞.北京市生产性服务业空间分布与集聚特征的演变[J].经济地理,2018,38(05):108-116.

[50] 费孝通.小城镇研究继续前进[J].江苏社联通讯,1985(02):1-6.

[51] 陈文玲,周京.把创新城市发展方式作为国家重大战略

［J］.南京社会科学，2012（12）：6-12+45.

［52］魏后凯.我国城镇化战略调整思路［J］.中国经贸导刊，2011（07）：17-18.

［53］刘晓辉.对贵州小城镇发展制约因素与对策的思考［J］.贵阳学院学报（社会科学版），2007（01）：64-68.

［54］刘晓鹰.试论小城镇发展的现状及其特点——以四川省为例［J］.农村经济，2002（07）：12-14.

［55］王亚平.中国小城镇发展的问题及对策［J］.经济研究参考，1999（38）：3-5.

［56］许方球.黑龙江沿边口岸小城镇功能定位构想［J］.边疆经济与文化，2004（03）：37-40.

［57］刘建立.黑龙江垦区小城镇发展类型及功能［J］.哈尔滨工业大学学报（社会科学版），2005（05）：105-108.

［58］于涛方，顾朝林，吴泓.中国城市功能格局与转型——基于五普和第一次经济普查数据的分析［J］.城市规划学刊，2006（05）：13-21.

［59］陈柳钦.以产业集群引导城市功能优化［J］.北京城市学院学报，2007（02）：40-46.

［60］王世巍.提升城市功能与合理发展人口初探——以深圳为例［J］.学术研究，2007（07）：69-73.

［61］高宜程，申玉铭，王茂军，刘希胜.城市功能定位的理论和方法思考［J］.城市规划，2008（10）：21-25.

［62］李芳.新疆兵团边境团场城镇功能定位的思考［J］.小城镇建设，2008（06）：94-97.

［63］郭晶.开放型城市的功能缺陷——以浙江11市为例［J］.

城市发展研究，2009，16（11）：48-52.

［64］邵士官.小城市的形态与功能研究［J］.理论学刊，2010（06）：79-82.

［65］陈柳钦.城市功能及其空间结构和区际协调［J］.中国名城，2011（01）：46-55.

［66］魏宗财，甄峰，席广亮，王波.全球化、柔性化、复合化、差异化：信息时代城市功能演变研究［J］.经济地理，2013，33（06）：48-52.

［67］郭小燕.中小城市和小城镇功能提升研究——基于农业转移人口市民化的视角［J］.开发研究，2014（02）：37-41.

［68］王猛，高波，樊学瑞.城市功能专业化的测量和增长效应：以长三角城市群为例［J］.产业经济研究，2015（06）：42-51.

［69］柴志贤，何伟财.城市功能、专业化分工与产业效率［J］.财经论丛，2016（11）：11-19.

［70］田冬.新时期政策调整下的小城镇演变特征与趋势研究［J］.小城镇建设，2017（09）：68-72.

［71］徐维祥，张凌燕，刘程军，杨蕾，黄明均.城市功能与区域创新耦合协调的空间联系研究——以长江经济带107个城市为实证［J］.地理科学，2017，37（11）：1659-1667.

［72］王玉珍.第三产业成长的理论根基［J］.苏州大学学报，1999（04）：3-5.

［73］李炳坤.关于加快推进城镇化的几个问题［J］.中国工业经济，2002（08）：29-36.

［74］李江帆.中国第三产业的战略地位与发展方向［J］.财贸经济，2004（01）：22-29.

[75] 周振华.论城市能级水平与现代服务业[J].社会科学，2005（09）：11-18.

[76] 高敏.服务业与城市化协调发展研究[D].厦门：厦门大学，2006.

[77] 陈剑.首都城市功能提升与现代服务业的发展[J].前线，2006（06）：39-40.

[78] 赵卫明，陈修颖.经济快速增长地域城市化与服务业互动关系研究——浙江省案例[J].城市发展研究，2008（04）：57-63.

[79] 王崇举.欠发达地区城镇功能完善与第三产业可持续发展互动关系定量研究[A].中国数量经济学会.21世纪数量经济学（第9卷）[C].中国数量经济学会：中国数量经济学会，2008.

[80] 张天翼.现代服务业的发展对厦门城市功能提升的影响研究[D].厦门：集美大学，2009.

[81] 宋建厂.重庆市欠发达地区城镇功能完善与第三产业可持续发展互动关系研究[D].重庆：重庆大学，2010.

[82] 曾桂珍，曾润忠.城市化与服务业的协整及因果关系研究[J].华东交通大学学报，2012，29（05）：121-126.

[83] 李程骅，郑琼洁.城市化进程与服务业发展的动态关系探讨——基于江苏省域的样本检验[J].南京社会科学，2012（02）：20-25+33.

[84] 陈立泰，张洪玮，熊海波.服务业集聚能否促进城镇化进程——基于中国省际面板数据的分析[J].西北人口，2013，34（02）：55-59+65.

[85] 于斌斌，胡汉辉.产业集群与城市化的共同演化机制：理论与实证[J].产业经济研究，2013（06）：1-11.

［86］张蕾，申玉铭，柳坤.北京生产性服务业发展与城市经济功能提升［J］.地理科学进展，2013，32（12）：1825-1834.

［87］韩峰，洪联英，文映.生产性服务业集聚推进城市化了吗？［J］.数量经济技术经济研究，2014，31（12）：3-21.

［88］唐勇，龚新蜀.现代服务业在城镇功能提升中的作用［J］.城市问题，2015（02）：21-28.

［89］杨仁发，李娜娜.产业集聚能否促进城镇化［J］.财经科学，2016（06）：124-132.

［90］黄大为.广东省服务业空间联系与城镇化空间拟合［J］.经济地理，2017，37（07）：114-123.

［91］俞国琴.城市现代服务业的发展［J］.上海经济研究，2004（12）：58-63.

［92］葛宝琴.城市化、集聚增长与中国区域经济协调发展［D］.杭州：浙江大学，2010.

［93］雷潇雨，龚六堂.城镇化对于居民消费率的影响：理论模型与实证分析［J］.经济研究，2014（06）：44-57.

［94］王耀中，欧阳彪，李越.生产性服务业集聚与新型城镇化——基于城市面板数据的空间计量分析［J］.财经理论与实践，2014，35（04）：105-110.

［95］底阳阳，张鹏程.兵团新型城镇化进程中的服务业发展状况分析［J］.知识经济，2017（11）：85-95.

［96］王崇举.长江三峡库区城市功能恢复与重建的思考［J］.城市发展研究，2006（03）：74-78.

附 录

附表 1 现代服务业原始数据

年份	第三产业就业人数（人）	交通运输、仓储和邮政业就业人数（人）	批发和零售业就业人数（人）	住宿和餐饮业就业人数（人）	年末就业总人数（人）	第三产业增加值（万元）	交通运输、仓储和邮政业增加值（万元）	批发和零售业增加值（万元）	住宿和餐饮业增加值（万元）	GDP（万元）
2000	273607	29284	53756	16262	925796	577043	-6009		17423	1806754
2001	281875	29865	56951	16920	933073	735811	65892		33505	1963376
2002	294165	33478	56676	19700	955062	802014	14454		32526	2225503
2003	289361	36852	69427	30126	975457	888869	113317	198364	55540	2686939
2004	300947	32050	73974	29838	975937	1073741	115240	212127	56100	3021477
2005	311666	34588	83656	31660	988064	1171306	115084	196842	58058	3311246
2006	316696	33735	87460	31761	987509	1344210	134448	235352	64913	3760294
2007	314749	32594	86056	30816	995146	1511832	157708	277496	76681	4412150
2008	353623	49429	89330	34235	1023976	1748930	174244	331738	93505	5232964
2009	355367	50149	90198	35571	1035654	1993917	195454	375456	101642	6106945
2010	365620	52451	93702	37795	1061763	2295404	229614	394095	130049	7706152

· 167 ·

续表

年份	第三产业就业人数（人）	交通运输、仓储和邮政业就业人数（人）	批发和零售业就业人数（人）	住宿和餐饮业就业人数（人）	年末就业总人数（人）	第三产业增加值（万元）	交通运输、仓储和邮政业增加值（万元）	批发和零售业增加值（万元）	住宿和餐饮业增加值（万元）	GDP（万元）
2011	381695	51497	97921	40490	1123192	2739498	310292	483672	181928	9656558
2012	421138	60564	107015	45977	1172160	3336783	392728	587945	212608	11972109
2013	490225	69392	128663	55800	1253353	4380023	478473	1080262	228988	14998657
2014	541311	65528	153289	62080	1319457	5448545	583799	1344182	270749	17386812
2015	601032	75586	172731	72296	1361802	6229951	718912	1577871	333393	19349122
2016	691816	76484	187608	73091	1381017	7008789	866126	1758369	394264	21343307
2017	710805	73739	211279	75484	1441651	8062416	1047460	2019781	474678	23390728

附表 2　城镇功能原始数据

年份	在岗职工平均工资（年/元）	病床数（张）	广播人口覆盖率（%）	电视人口覆盖率（%）	全社会固定资产投资（万）	第二产业产值占GDP比重	第三产业产值占GDP比重	工业增加值占GDP比重	社会消费品零售总额（万）	交通运输仓储和邮政业总产值（万元）	批发和零售业总产值（万元）	森林覆盖率（%）	人口密度（人/平方千米）	城镇化率	科技活动人员数（人）	科技活动经费内部支出额（万元）	普通高等学校在校学生数（人）	专利授权量（个）
2000	6763	17253	87.1	90.9	736077	0.2751	0.3189	0.025614151	540004	66867	145006	5.2	35.2	0.4317	485	4384.3	11735	0
2001	6970	16915	88.3	92.1	874698	0.2942	0.3747	0.022665192	634568	91208	180913	5.2	35.6	0.4596	519	6563	14490	0
2002	8094	16284	89.8	93.3	1046123	0.283	0.3604	0.015827079	721427	93276	176029	5.7	33.6	0.458	529	5227	19480	0
2003	10781	16235	90.3	94.1	1212157	0.2478	0.329	0.004311116	723890	101599	176541	5.7	34.1	0.4582	519	2805	22907	0
2004	11332	16473	90.8	94.6	1289870	0.2455	0.3559	0.016010426	813825	101724	185673	4.2	34.4	0.4815	564	3394	28005	3
2005	12136	16537	92.3	96.1	1372367	0.2517	0.3537	0.03295406	933828	115084	196842	4.42	34.5	0.4815	616	3940	30663	5
2006	13909	16518	92.6	96.4	1530067	0.2644	0.3575	0.034181902	1113810	134448	235352	4.42	34.59	0.491	611	3272	35438	6
2007	16272	17045	93.1	96.9	1896156	0.2889	0.3427	0.049289122	1301564	157708	277496	4.42	34.59	0.4906	772	2957	38763	14
2008	18772	17084	94	97.4	2359518	0.3174	0.3342	0.055516147	1601327	174244	331738	4.42	34.5	0.497	817	4101	41581	6
2009	21876	17561	95	97.9	3184664	0.3383	0.3265	0.046745468	1797787	195454	375456	4.42	34.5	0.496	851	5209	44149	21

续表

年份	在岗职工平均工资（年/元）	病床数（张）	广播人口覆盖率（%）	电视人口覆盖率（%）	全社会固定资产投资（万）	第二产业产值占GDP比重	第三产业产值占GDP比重	工业增加值占GDP比重	社会消费品零售额总额（万）	交通运输仓储和邮政业总产值（万元）	批发和零售业总产值（万元）	森林覆盖率（%）	人口密度（人/平方千米）	城镇化率	科技活动人员数（人）	科技活动经费内部支出额（万元）	普通高等学校在校学生数（人）	专利授权量（个）
2010	26741	18193	96	98.2	4482739	0.3403	0.2979	0.048775965	2028683	229614	394095	18.46	37.2	0.5134	852	5601	46776	38
2011	31343	18575	96.5	98.5	6835110	0.3807	0.2837	0.070413495	2427057	310292	483672	17.09	37.79	0.5237	871	7484	47170	26
2012	37525	20051	97	98.8	10393354	0.3969	0.2787	0.061329044	2962303	392728	587945	17.09	37.97	0.5498	919	10354	48341	53
2013	44043	20396	97	98.8	15098995	0.4176	0.292	0.065942704	3856430	478473	1080262	17.09	38.27	0.6017	913	10472	48735	62
2014	49668	20624	98	99.4	17613292	0.4468	0.3134	0.053265487	4588184	583799	1344182	17.09	38.72	0.6074	907	8828	49862	61
2015	54599	21165	98.5	99.5	17858038	0.4568	0.322	0.033162642	5523395	718912	1577871	18.62	39.2	0.6255	960	12705	51595	833
2016	56345	21390	98.7	99.6	17212068	0.4524	0.3284	0.038610137	6322942	866126	1758369	19.26	40.18	0.6505	948	12532	52843	130
2017	58464	22194	97.7	98.4	19661510	0.439	0.345	0.025730152	7083724	1047460	2019781	19.23	42.93	0.64	919	16107	53758	79